学习管理

管理创新的动力

本书系吉林省社会科学基金项目《汉语成语中的管理智慧》研究结项成果
项目编号：2013B291

中华文化之瑰宝　管理智慧之锦囊

说成语　话管理

（柒）

学习管理

张兆端　何长清　编著

群众出版社
·北　京·

图书在版编目（CIP）数据

说成语 话管理（柒）学习管理／张兆端，何长清编著. —北京：群众出版社，2016. 8

ISBN 978－7－5014－5540－9

Ⅰ. ①学… Ⅱ. ①张…②何… Ⅲ. ①管理学—通俗读物 Ⅳ. ①G93－49

中国版本图书馆CIP数据核字（2016）第122672号

说成语　话管理（柒）
学习管理

张兆端　何长清　编著

出版发行：群众出版社
地　　址：北京市西城区木樨地南里
邮政编码：100038
经　　销：新华书店
印　　刷：北京通天印刷有限责任公司

版　　次：2016年8月第1版
印　　次：2016年8月第1次
印　　张：11.5
开　　本：787毫米×1092毫米　1/16
字　　数：176千字

书　　号：ISBN 978－7－5014－5540－9
定　　价：63.00元

网　　址：www.qzcbs.com
电子邮箱：qzcbs@sohu.com

营销中心电话：010－83903254
读者服务部电话（门市）：010－83903257
警官读者俱乐部电话（网购、邮购）：010－83903253
公安业务分社电话：010－83905672

编写说明

汉语是世界上最丰富的语言之一。成语作为中国历史的缩影、中华文明的积淀、汉语言文化的精华、祖先丰富智慧的结晶和前人生活经验的累积，在世界文化史中独树一帜，是中华民族传统文化的瑰宝，也是汉语言文化园地中的艺术奇葩。成语是汉民族在长期的语言实践中逐步提炼而成的、简洁精辟的固定短语。作为汉语言使用过程中自然形成的“集成电路”，成语浓缩了中华民族博大精深的文化智慧，积淀、负载、传承着中华民族悠久的历史和灿烂的文明，充满着旺盛的生命力。大多数成语的产生都有一个特定历史背景，蕴含许多精彩的历史瞬间、动人的传奇典故、深刻而丰富的哲理。

汉语成语历史悠久，源远流长。成语在其形成、演变、发展的过程中，从它的结构形式、表达方式到内容，都有其自身的发展规律，是语言词汇的序列性体现。汉语成语作为比“词”大而语法功能又相当于“词”的语言单位，凝练精警，结构严谨，音律和谐，言约旨远，意蕴深邃，充分表现了汉语的语言特色和魅力。成语，由文所出，经人所录，用于作文或口语；借其典故，以明其论点。久而久之，成为以固定字书，固定排序之辞也。书面用之，能收画龙点睛、意境深奥之效；口语用之，则收言简意赅、生动形象之效。

汉语成语的内涵非常丰富，内容涉及天文、地理、历史、文学、艺术、道德伦理、治国理政、社会管理、智谋韬略等各个领域，蕴含中华民族传统文化中各类思想和行为的趋向和准则，是中华民族文化心态、集体经验和智慧结晶的生动写照。中华民族五千年文明史的一个侧面就是五千年的管理史。在中华民族悠久灿烂的文化长河中，历代哲人、学者及各类管理实践者对于如何对人、社会以及人的实践活动进行有效的管理，都做出了各自的回答。其优秀成果所展现给我们的是一幅丰富多彩、深邃睿智的画卷，其中有不少优秀的管理思想、智慧及方法即被浓缩在成语之中。

本丛书从浩如烟海的汉语成语中精心梳理出近500个具有历史性、故事性、艺术性、哲理性、趣味性和时代性，包含中华传统管理思想、智慧及方法意蕴的成语，紧密结合现代管理科学和管理实践进行阐释。丛书共分为十个分册，分别为管理哲学；民本管理；战略管理；文化管理·管理精神；管理伦理；民主管理·创新管理；学习管理；基础管理·简单管理·精细化管理；权变管理·危机管理；谋略管理。其内容涉及治国理政、经济管理、组织及企业管理、个人人生管理等诸多方面。对每个成语均按照先“说成语”（包括释义、出处、故事），后“话管理”（包括管理要旨、管理案例）的体例，遵循“古为今用，洋为中用”的原则，从讲解成语文化入手，落脚于挖掘其管理价值及经验上，从而达到由成语学习管理智慧，借管理知识解读成语的双重目的。本册为第七分册，主要讲解成语中蕴含的管理创新的动力。

近年来，有关管理学理论的一般图书和各种各样的汉语成语词（辞）典多有出版，但尚未发现有探讨汉语成语中蕴含的管理智慧或从管理学角度解读汉语成语的知识读本。无疑编写出版这样一套《说成语　话管理》的书，既是一种研究汉语成语文化的新探索，也能够为广大读者学习管理知识提供一种新的趣味性载体。成语是一种精巧别致的文化快餐，古老而又崭新，随时翻阅就可以进入一片幽深而宽阔的精神世界，能使人们从轻松愉快的阅读中获得人文知识与管理智慧的陶冶。既然是一种新探索，书中定会有某些不当之处，敬请读者批评指正。同时，在编写过程中，作者查阅了大量汉语成语词典，借鉴了国内外管理学界的许多理论与案例资料，除在本丛书第十分册（谋略管理）末注明主要参考资料外，在此向有关著译者及编者一并表示衷心感谢！

书中插图除注明出处者外，其余均为商树春先生所绘，特此表示感谢！

编　者

2015 年 10 月

目录

contents

上下同欲

——建立组织共同愿景

【说成语】

上下同欲

释义 欲：欲望，愿望。上下有共同的愿望，指众心齐一。

出处 《孙子兵法·谋攻》："故知胜有五：知可以战与不可以战者胜；识众寡之用者胜；上下同欲者胜；以虞待不虞者胜；将能而君不御者胜。"本指官和兵有共同的愿望是取胜的重要因素之一，现泛指领导和群众有共同的愿望。

拿破仑的"滑铁卢之败"与毛泽东的"官兵一致"

1815年6月，在滑铁卢战役中大败于英国、普鲁士等国的拿破仑被放逐到大西洋中的圣赫勒拿岛，六年后逝世（1821年5月5日）。其间，他在反思自己失败的原因时，发出过这样的喟叹："好久没有和前线的战士一起喝汤了！"一语道破"天机"：官兵同欲者胜，官兵相离者败。

当年，巨大的胜利与部属的崇拜让拿破仑头脑发热，一次率军经过阿尔卑斯山时，他自傲地说："我比阿尔卑斯山还高！"鲁迅先生讽刺他，忘记了身后还有百万士兵。结果就有了后来的滑铁卢之败。

半个多世纪前，毛泽东在总结人民军队打胜仗的经验时指出，我军"历来依靠官兵一致，获得了光荣的胜利"。官兵一致，就是政治上一律平等，战斗中生死与共，生活中同甘共苦。用朱德总司令的话说，叫做"有盐同咸，无盐同淡”。这种革命性的感召和鼓舞，使红军官兵焕发出最彻底的战斗热情，引得人民群众纷纷送子参军，也让饱受军阀压迫的国民党官兵投奔而来。

【话管理】

管理要旨：建立组织共同愿景

美国前总统老布什创造了著名的词汇“愿景”（the vision thing）。“愿”就是心愿，“景”就是景象。对组织来说，它是一种意愿的表达。愿景概括了组织的未来目标、使命及核心价值，是组织哲学中最核心的内容，是组织最终希望实现的图景。简单地说，愿景是一个预见未来的美景，这个美景给人动力去做一件事情。在学习型组织中，共同愿景为学习提供了焦点与能量。除非人们对他们真正想要实现的愿景感到振奋，否则学习型组织建设就会失去动力而变得毫无意义。杰克·韦尔奇曾经说过：“英雄就是拥有新的构想的人。”“一个真正的领导者就应当是这样的，能够表述一个愿景，然后督促人们去将它变为现实。”他告诫主管们：“别陷入过度的管理泥潭，以开创一个远景来管理——确定你的员工们都能朝着这个远景来努力。”

共同愿景最简单的表述是：“我们想要创造什么？”它包括两层含义：一是远景，即体现组织未来发展的远大目标；二是愿望，即组织的远大目标能够被组织全体成员所接受，因而能体现组织成员的共同愿望。建立共同愿景的目的主要是使组织内的成员学会主动、真诚地为此而奉献和投入，而不是被动地遵从。正如个人愿景是人们心中或脑海中所持有的意象或景象，共同愿景则是组织中人们所共同持有的意象或景象，它创造出众人是一体的感觉，并遍布到组织整体的活动中，而使各种不同的活动融合起来。

建立组织共同愿景的策略一般包括以下几个方面：

一是鼓励个人愿景。共同愿景是由个人愿景汇聚而成，借着汇聚个人愿景，共同愿景才能获得能量。一方面，有意建设学习型组织的企业，必须持续不断地鼓励成员发展自己的个人愿景。如果人们没有自己的愿景，他们所能做的就仅仅是附和别人的愿景，而不是发自内心的意愿。另一方面，原本各自拥有强烈目标感的人结合起来，可以创造强大的综合效果，向个人及团体真正想要的目标迈进。

二是改进高层做法。一些创建学习型组织的企业的经验表明：建立共同愿景的策略应该体现出一个阶梯式的“进步”，比如可以从告知、推销、测试、咨商和共同创造五个阶段入手，建立组织的共同愿景。

第一阶段是告知阶段。首先要求高层领导十分清楚组织的愿景应该是什么，然后将愿景告知员工：“我们一定得这么做，这是我们的愿景。假如这个愿景不能打动你，那么你最好重新考虑你在公司的前途。”在这个过程中，传达信息的方式要直接、清晰和一致；领导者对于公司的现状一定要说实话；应该清楚说明哪些事情可以妥协，哪些事情不容置疑。

第二阶段是推销阶段。领导人往往要感召人们投入到愿景之中，并希望员工能够全心全意地奉献。此时需要注意的是，应随时保持与组织成员的沟通；帮助员工自发地投入而不要强迫他们；加强领导人和员工的关系，不仅要较具体地勾画出愿景，而且要把重心放在愿景所能够为组织及员工带来的好处上。

第三阶段是测试阶段。领导试图了解员工对愿景的真实反应，了解员工对愿景中各个部分的想法。此时必须注意的是，领导者应为员工提供充分的信息；在使用问题调查时，不要在问卷中动手脚；保护员工的隐私；可采用问卷与面对面交谈相结合的方法；想办法测出员工对于组织效益和能力的看法与希望。

第四阶段是咨商阶段。高层领导应邀请组织全体成员来担当他的顾问，来塑造共同愿景。此时应注意不要让信息遭到曲解，并应整合发布讨论的结果。

第五阶段是共同创造阶段。即已经是具体实施的阶段，也就是每个人开始为他们塑造的愿景而工作的阶段。

三是学习聆听他人。以日常用语谈论共同愿景，一个突出的特点是互动性强。所谓互动，体现在交谈时，表现为既要清晰有力地表达自己的看法，也要善于倾听别人的看法。对于处于高层、意志坚定、有主见的管理者而言，这是一个不容易做到的事情。学习聆听他人关键是转变一种观念，即习惯于聆听，这并不意味着为了“大我”而牺牲“小我”，而是为达成共识而先让不同的意见、看法或设想存在。一个成功的企业家，他的成功既可以表现在他能够先于企业员工提出愿景规划，也可以表现在他能够耐心听取别人的意见，然后以清晰有力的语句把这些内容表达出来。

四是融入企业理念。建立共同愿景只是企业基本理念中的一项。企业其他的基本理念还包括目的、使命与核心价值观。管理大师彼得·圣吉警告说，愿景若与人们每日信守的价值观不一致，不仅无法激发真正的热忱，反而可能使人因挫败、失望而对愿景产生嘲讽的态度。

管理案例：通用重振的宗旨与万科的企业愿景

担任美国电报电话公司董事长多年的埃德·惠塔克里自2007年退休后，于2009年由总统力荐，临危受命出任脱离破产保护的通用汽车董事长和首席执行官。他在自传《重振通用》中回忆说：

我们公司的主要宗旨是什么？

我在公司的某次周一管理层会议上提出了这个问题。当时会议室有七八个人，大家开始议论纷纷。我坐在那里，一言不发，等待这些人想出一个答案。

公司的工程总监汤姆·斯蒂芬斯思考了几分钟，然后看着我说：“我们设计、制造和销售世界上最好的汽车。”

就是这样。

在听到他这句回答的那一刻，我知道这就是我想要听到的答案。通用汽车公司面临的最大问题之一就是我们漫无目标——没有清晰的宗旨，没有明确的目标。这个简单的陈述解决了所有问题——直接、简洁明了。这是个完美的回答。

在这之后，只要一有机会，我就开始不断重复这个想法：“大家记住了，我们要做的一切事情就是为了设计、制造和销售世界上最好的汽车。”我猜想，可能是我说的次数太多了，这句话不胫而走。没过多久，这句话就成了通用汽车公司的口头禅。这很重要，因为我们需要一样东西来引导员工，让他们为之奋斗。在通用汽车公司，我们的一切工作都是设计、制造和销售汽车，其他的事情都是多余的。这就是汤姆这句话的精髓所在。我一直在思考，如果我们能够提升员工的积极性，集中大家的注意力，那么我们就能重新开始赢利，一旦成功，我们就能重新赢得市场份额，参与市场竞争。

同样的，国内知名企业万科的企业愿景：成为中国房地产行业持续领跑者。为了实现这个愿景，万科要求全体员工努力做到：

1. 不断钻研专业技术，提高国人的居住水平。

2. 永远向客户提供满足其需要的住宅产品和良好的售后服务。

3. 展现“追求完美”之人文精神，成为实现理想生活的代表。

4. 快速稳健发展公司的业务，实现规模效应。

5. 提高效率，实现业内一流的盈利水准。

6. 树立品牌，成为房地产行业最知名和最受信赖的企业。

7. 拥有业内最出色的专业和管理人员，并为其提供最好的发展空间和最富竞争力的薪酬待遇。

8. 以诚信理性的经营行为树立优秀新兴企业的形象。

9. 为投资者提供理想的回报。

三人行必有我师

——择其善者而从之

【说成语】

三人行必有我师

释义 三：虚数，泛指几个人。三个（或几个）一起行走的人里，一定有一个在某方面是我的老师。指应该不耻下问，虚心向一切有长处的人学习。

出处 《论语·述而》："三人行，必有我师焉。择其善者而从之，其不善者而改之。"意思是说，三个人一起走路，其中必有值得我学习的老师。选择他们的优点加以学习；对他们的缺点，参照自己的情况加以改正。这表达了一种极为谦虚的学习态度。不管什么人，只要他有一技之长，一得之见，就应该向他学习；对于别人的缺点和错误也要引以为戒，不要重犯。

"半字师"趣谈

中国文学史上，有"一字师"，也有"半字师"。

唐代著名边塞诗人高适，在担任两浙观察使时，一次于视察中路过杭州清风岭，在僧房墙上题诗云："绝岭秋风已自凉，鹤翔松露湿衣裳。前村月落一江水，僧在翠微角竹房。"

后来，诗中的"一"字，被添了笔画，赫然一个"半"字在墙。原来，钱塘江水是随着潮汐涨落的。月上中天时，江水盈涨，这时说"一江水”才确切。月落时分，江水随潮而退，只剩半江了。从岸边的水痕看，江面也只有原先的一半宽了。这时题“月落一江水”岂不成了天大的笑话。据传，改诗者是“初唐四杰”中的骆宾王，后人也就戏称他是高适的“半字师”了。

清代东海之滨有位会作诗的闺秀，作《咏兰菊》诗，其中有句云：“为爱南山青翠色，东篱别染一枝花。”意思是说，因为喜爱南山的青翠颜色，故而把东边竹篱旁的菊花也特意染成蓝色了。有位叫龚炜的文人见了，嫌“别”字用得太硬，便举笔抹去偏旁的“刀”，改为“另”字，诗句也就变成“东篱另染一枝花”了。仅舍半边字，却尽得风流。细细品味，既不落俗套，又平添其韵味，使佳句更为增色。

1959年6月，毛泽东回到离别32年的故乡韶山，写了七律《到韶山》，原稿中首联是：“别梦依稀哭逝川，故园三十二年前。”在他身边的工作人员梅白看后，建议主席将其中的“哭”字改为“咒”字。这两字看来只变动了下半部分，可整篇诗意却因此更为深刻，气势亦更宏大。毛泽东连声称赞：“改得好，改得好!”因而定稿时改为“别梦依稀咒逝川”，毛泽东遂称梅白为“半字师”。

【话管理】

管理要旨：善与不善，均为我师

“善与不善，均为我师”这句话，表现出孔子自觉修养、虚心好学的精神。它包含了两个方面：一方面，“择其善者而从之”，见人之善就学，是虚心好学的精神；另一方面，“其不善者而改之”，见人之不善就引以为戒，反省自己，是自觉修养的精神。这样，无论同行相处的人善与不善，都可以为师。《论语》中记载，一次卫国公孙朝问子贡，孔子的学问是从哪里学的？子贡回答说，古代圣人讲的道，就留在人们中间，贤人认识了它的大处，不贤的人认识它的小处，他们身上都有古代圣人之道。“夫子焉不学，而亦何常师之有？”（《论语·子张》）意思是，他随时随地向一切人学习，谁都可以是他的老师，所以说“何常师之有”，没有固定的老师。《论语》中还有不少相关记载，如孔子入太庙，“每事问”（《论语·八佾》）；宰予白天睡觉，孔子说：“始吾于人也，听其言而信其行；今吾于人也，听其言而观其行。于予与改是。”（《论语·公冶长》）子贡对孔子说，子贡自己只能“闻一而知二”，颜回却可以“闻一而知十”。孔子说：“弗如也。吾与汝弗如也。”（《论语·公冶长》）的一些记载都体现了这种精神。这样的精神和态度，是很值得我们学习的。

“三人行，必有我师”“择其善者而从之，其不善者而改之”的态度和精神，也体现了与人相处的一个重要原则。一方面，随时注意学习他人的长处，随时以他人缺点引以为戒，自然就会多看他人的长处，与人为善，待人宽而责己严。这不仅是修养、提高自己的最好途径，也是促进人际关系和谐的重要条件。“三人行必有我师”。那么，天涯何处无老师？真正好学的人是不拘于专门固定的老师的，随处都可以不耻下问。另一方面，“择其善者而从之，其不善者而改之”也就是《论语·里仁》篇里所说的“见贤思齐焉，见不贤而内自省也”，即老师的优点固然值得我们学习，老师的缺点也可以成为我们的借鉴，关键是不要盲目崇拜。

“三人行，必有我师焉”。你的周围有众多的领导、同事和客户，每个人都有其突出的一面，每个人都有值得你学习的地方。同事即同学，客户伙伴即学习伙伴，同事关系即同学关系。2004 年，马云在阿里巴巴 5 周年庆典上指出：“现在网络开始复苏，竞争会越来越激烈，越来越残酷。在我们周围会产生许多竞争者。我们要向竞争者学习，要尊重对方。越来越多的人关注我们，抄袭我们，大家不用紧张，抄袭对方是不会成功的。我们要尊重对手，选择优秀的竞争对手，如果我们把理智的竞争对手打成无赖，我们就成功了！我们希望在最困难的时候说：‘我能！’”

管理案例：古今“一字师”

在我国文学史上，有不少关于“一字师”的美谈。

五代诗人郑谷为诗僧齐己改《早梅》诗，将“前村深雪里，昨夜数枝开”改为“前村深雪里，昨夜一枝开”。把“数”字改成“一”字，生动形象地表现出了“早梅”的特点——“一枝”抢先，可见其早。

北宋文学家范仲淹在浙江桐庐做太守时，写了一首赞颂严子陵的诗：“云山苍苍，江水泱泱，先生之德，山高水长。”写好后，给友人李泰伯看，李泰伯读后说：“‘云山’‘江水’等词，从内容上说，很宏伟，从用语上说，极有气派，而下面用一个‘德’字接它，似乎局促，换个‘风’字怎么样?”这样一换，诗味果然不同。范仲淹极其佩服，逐尊李泰伯为“一字师”。

晚清封疆大吏沈葆桢是林则徐的外甥和女婿，年轻时，即长于书法，善于吟咏。有一次，他作《咏月诗》，得妙句“一钩已足明天下，何必清辉满十分”，颇为自得。林则徐看后，也觉得不错，但品味再三，又觉得美中不足，于是提笔把“何必清辉满十分”一句中的“必”改为“况”，诗境顿显开阔。一字之改，将佳作提升为精品。

1952年元旦，原东北大学历史系教师罗元贞看到毛泽东的《七律·长征》中出现了两个“浪”：“五岭逶迤腾细浪”“金沙浪拍云崖暖”，认为这种重复历来为诗家所忌，便提笔写信给毛泽东，建议将“金沙浪拍云崖暖”的“浪”字改为“水”字。毛泽东欣然接受并复信，称罗元贞是他的“一字师”。

郭沫若创作的历史剧《屈原》在重庆首次公演时，他在台下观看。台上“婵娟”痛斥“宋玉”：“宋玉，你辜负了先生的教诲，你是没有骨气的文人!”郭老听后，感到骂得不够分量，就到后台与扮演婵娟的张瑞芳商量。这时身旁的一位演员说：“不如改为‘你这没有骨气的文人’，就够味了。”郭老高兴地接受了这个演员的意见，并称他为“一字师”。

20世纪30年代，教育家陶行知写了一首赞扬某小学的诗：“有个学校真奇怪，大孩自动教小孩。七十二行皆先生，先生不在学生在。”有个八九岁的女生却提出：“大孩能教小孩，小孩就不能教小孩吗?我看应改为‘小孩自动教小孩’。”陶行知惊喜不已，逢人便夸：“这个小孩可真是我的‘一字之师’呀!”

师道尊严

——树立尊师重道的理念

【说成语】

师道尊严

释义 本指老师受到尊敬，他所传授的道理、知识、技能才能得到尊重。后多指为师之道尊贵、庄严。

出处 《礼记·学记》："凡学之道，严师为难。师严然后道尊，道尊然后民知敬学。"

理学家杨时："程门立雪"的尊师典范

"程门立雪"这一成语家喻户晓，它出自北宋著名理学家杨时求学的故事。

杨时（1053～1135年），福建将乐县人，4岁入村学，7岁就能写诗，8岁就能作赋，人称"神童"。他15岁时攻读经史，熙宁九年（1076年）登进士榜。

有一年，杨时赴浏阳县令途中，不辞劳苦地绕道洛阳，拜著名理学家、教育家程颐为师。一个严冬的日子，杨时因与学友游酢对某问题有不同看法，为求正解而一起到老师家请教。他们顶着凛冽寒风来到程颐家时，适逢先生坐在炉旁打坐养神。杨时便劝告游酢不要惊醒老师。于是，两人就恭恭敬敬侍立在门外，等候先生醒来。一会儿，天飘起大雪，越下越急。过了良久，程颐醒来，从窗口发现侍立在风雪中的杨时和游酢，只见他们通身披雪，脚下的积雪已一尺多厚了，赶忙起身迎他俩进屋。当时杨时已四十多岁，学问也相当高，但仍谦虚谨慎，不骄不躁，尊师敬友，深得程颐的喜爱，视其为得意门生。杨时与游酢、谢良佐、吕大临并称“程门四大弟子”。杨时果然也不负重望，终于学有所成，回到南方传播程氏理学时，形成独家学派，世称“龟山先生”。

此后，“程门立雪”的故事就成为尊师重道的千古美谈。

【话管理】

管理要旨：弘扬“师道尊严”的文化传统

在我国的教育文化传统中，“师道尊严”是支配教育活动中师生关系的核心理念。尽管历经时代变迁，但“师道尊严”的传统在现代仍然对教育活动产生着重大影响。

“师道尊严”的表述最早出自《礼记·学记》：“凡学之道，严师为难。师严然后道尊，道尊然后民知敬学。”即在学习活动中，尊敬教师最难做到；只有教师受到尊敬，他所传之道才能得到民众的尊重；道得到尊重，人们才会懂得敬重学业。由此可见，《学记》倡导“师严而道尊”，其目的在于通过尊师重道而推行社会教化，因为“师”和“道”是紧密相连的，“师”是“道”的传播者，只有尊师，才能实现用“道”来化民成俗的目的。正如《荀子·大略》所言：“国将兴，必贵师而重傅；贵师而重傅，则法度存。国将衰，必贱师而轻傅；贱师而轻傅，则人有快，人有快则法度坏。”在传统的演化过程中，“师”与“道”甚至合而为一，师道被视为“为师之道”，强调师德、师职、师尊。就师德而言，教师是“礼”的化身，是社会道德规范的代言人。“礼者，所以正身也。师者，所以正礼也”。就师职而言，“师者，所以传道授业解惑也”。因此，有道之师尊贵而庄严。为了强调师尊，荀子把师同天、地、君、亲并列起来，指出：“天地者，生之本也；先祖者，类之本也；君师者，治之本也。”表达师应取得与天、地、君、亲同样尊贵的地位。就教师与学生的关系而言，“师为上，学为下，师为主，学为从，师为尊，学为卑”。这一系列的表述，构成了“师道尊严”的教育文化传统。

“师道尊严”对为师之道的要求是中国传统文化贡献给全人类的瑰宝。根据这一传统，要成为有道之师，获得尊重，不仅要求教师“学高”，而且要求其“身正”。教师需先善其德，才有资格教育他人，才能让他人信服，成为他人学习和效仿的榜样，正所谓“其身正，不令而行；其身不正，虽令不从”“不能正其身，如正人何？”因此，教师只有做到既威严庄重又小心谨慎，既阅历丰富又具有高远的信仰，既精通所学又善于阐发微言大义，方可获得师尊。可以说，无论时代如何变化，如果能以如此“为师之道”规范教师，治学育人，无疑能够推动教育事业的健康发展。

当然，“师道尊严”传统中也包含着一些消极因素。应当看到，对“师道尊严”的倡导一开始只是把尊师作为重道的手段，重道才是其目的，而“道”无非是封建社会的道德规范和伦理纲常，是为维护封建社会的秩序服务的。同时，“师道尊严”传统在对待师生关系方面，过于强调教师的责任感和使命感，忽视学生自主意识的培养；过于强调教师的权威形象，忽视教师与学生之间的平等对话；过于强调对教师的尊重和敬畏，容易导致学生对教师的人身依附和绝对服从，等等。

管理案例：做党和人民满意的好老师——习近平

2014 年 9 月 9 日，在第三十个教师节来临之际，习近平总书记来到北京师范大学和师生共度这一节日，在与师生代表座谈时发表的重要讲话中，他对全国广大教师提出了做“好老师”的四点要求，即要做有理想信念、有道德情操、有扎实知识、有仁爱之心的好老师。

习近平指出，学为人师，行为世范。做好老师，要有理想信念。广大教师要始终同党和人民站在一起，自觉做中国特色社会主义的坚定信仰者和忠实实践者，忠诚于党和人民的教育事业。要用好课堂讲坛，用好校园阵地，用自己的行动倡导社会主义核心价值观，用自己的学识、阅历、经验点燃学生对真善美的向往。做好老师，要有道德情操。老师对学生的影响，离不开老师的学识和能力，更离不开老师为人处世、于国于民、于公于私所持的价值观。老师是学生道德修养的镜子。好老师应该取法乎上、见贤思齐，不断提高道德修养，提升人格品质，并把正确的道德观传授给学生。

习近平强调，做好老师，要有扎实学识。扎实的知识功底、过硬的教学能力、勤勉的教学态度、科学的教学方法是老师的基本素质，其中知识是根本基础。好老师还应该是智慧型的老师，具备学习、处世、生活、育人的智慧，能够在各个方面给学生以帮助和指导。做好老师，要有仁爱之心。爱是教育的灵魂，没有爱就没有教育。好老师要用爱培育爱、激发爱、传播爱，通过真情、真心、真诚拉近同学生的距离，滋润学生的心田。好老师应该把自己的温暖和情感倾注到每一个学生身上，用欣赏增强学生的信心，用信任树立学生的自尊，让每一个学生都能健康成长，让每一个学生都能享受成功的喜悦。

知人论世

——时势造英雄

【说成语】

知人论世

释义　原指了解一个人并研究他所处的时代背景。现也指鉴别人物的好坏，议论世事的得失。

出处　《孟子·万章下》：“颂其诗，读其书，不知其人，可乎？是以论其世也。”

“知人论世”的编纂、治学之法

鲁迅曾在谈到编纂文集的方法时说：“分类有益于揣摩文章，编年有利于明白时势，倘要知人论世，是非看编年的文集不可的，现在新作的古人年谱的流行，即证明着已经有许多人省悟了此中的消息。”（《且介亭杂文·序言》）用编年的方法编辑文集，实际上用的就是“知人论世”的编纂法。这里的“世”，是指“时势”“时世”。一按年份编排下来，各篇作品便显现于时代和社会的大背景中，作品与时势的关系便一目了然，其内涵也便会凸显出来。

编年谱，实际也是在用“知人论世”的编纂法。人物在年份之中，“时势”之中，而通过考见某年之“时势”便能更准确地考见人物。有一部《三曹年谱》，著者在编例中写道：“时事：略记政治、经济和文化等方面的重大事件，以便与谱主曹操、曹丕、曹植的社会活动和诗文内容互相参证。”著者自觉地在运用“知人论世”的编纂法。

邓云乡有一本著作《鲁迅与北京风土》，以鲁迅的日记为经，以北京风土景物为纬，寓人物于“时世”之中，仿佛把活着的鲁迅请到了我们中间。出版家王西野在跋语里说：“从鲁迅接触的特定环境来研究鲁迅，于知人论世，是不无用处的。”他看出了邓书得益于“知人论世”之法。

史学大师陈寅恪在为冯友兰的《中国哲学史》写的审查报告中说：“古人著书立说，皆有所为而发，故其所处之环境，所受之背景，非完全明了，则其学说不易评论。”要想准确评价历史人物，必须先“完全明了”其所处之“时世”，这是陈先生教给我们的“知人论世”的研究法。

“知人论世”的方法，是一种富含辩证元素的方法，是用“联系的”“全面的”眼光观察问题，它的科学含量是比较高的。

【话管理】

管理要旨：孟子论“知人论世”

《孟子·万章下》有一段名言：“一乡之善士，斯友一乡之善士；一国之善士，斯友一国之善士；天下之善士，斯友天下之善士。以友天下之善士为未足，又尚论古之人。颂其诗，读其书，不知其人，可乎？是以论其世也，是尚友也。”意思是，一个乡的优秀人物就和一个乡的优秀人物交朋友，一个国家的优秀人物就和一个国家的优秀人物交朋友，天下的优秀人物就和天下的优秀人物交朋友。如果认为与天下的优秀人物交朋友还不够，那就要追论古代贤良。若吟诵他们的诗歌，研读他们的著述，不了解他们的为人是不行的，所以要研究他们所处的社会时代。这就是上溯历史与古人交朋友，后人从中概括出一个成语，叫做“知人论世”。

孟子这段话本不是为论诗而说，而说的是“尚友”问题。孟子提到对古人不仅要“颂其诗，读其书”，还要“知其人”“论其世”，也就是说想了解这个人，就需要去读他写的诗和文章，但读他的诗和文章又需要知道作者的生平和所处的时代背景。由于孟子思想对中国传统文化的深远影响，“知人论世”由此引申而成为一种文学理论观念，也是文学欣赏和文学批评的重要原则。所谓“知人”，就是对作者进行研究。这就包括家庭背景、人生经历、交友范围、所受思想影响等

方面，我们可以通过文献资料、本人作品等渠道获得这些方面的信息。所谓“论世”，就是对作者所处的时代背景进行研究，它指向诗人生活的时间与空间的统一体，即一定时期、一定范围内的自然和社会环境。

按照孟子的原意，知人论世指的是要了解一个人的为人，就要探究分析他所置身的时代背景。其要点显然在于，知人必须论世，论世才能知人。实践也已证明，这的确是真理。然而只讲这一面并不完整，还应该讲另一面，亦即知人须论世，论世亦须知人。正因为两面原本同在，两面可以兼顾，如今使用“知人论世”这个成语，也可以泛指“品评人物的长短，讨论世事的得失”。同时，由“知人论世”还可以引申出另外一层含义，即在与现代的优秀人物结交的同时，要时不时地回过头去向古圣先贤们学习智慧。

常言道：“时势造英雄”。其实，无论是从正面还是从反面，时势总是在打造、改造所有的人，远不止于英雄而已。正因为如此，时势或清或浊，或好或坏，或阳光或昏暗，或和谐或狂乱，都会经由人映射出来。

管理案例：时势造英雄，英雄造时势——美国总统的个人作用

每四年一度的美国总统选举不但是美国的大事，而且举世瞩目，成为全世界媒体追踪报道、分析猜测的热点。谁当美国总统真的关系那么重大吗？总统的作用究竟有多大吗？历史上具有重大影响力的总统是“时势造英雄”，还是“英雄造时势”？

回顾诞生了44位总统的美国历史，总的说来，应该是“时势造英雄”。美国的制度决定了个人的权力和作用有限，所以不止一位总统或遭暗杀或猝死在任上或被迫辞职，由缺乏经验和准备的副总统仓促接任，但并没有对当时的政策产生重大影响。

美国历史上有几位起里程碑作用的总统，根据富兰克林·罗斯福（小罗斯福）的说法：“华盛顿的任务是创立和熔铸一个国家；林肯是维护这个国家，使它避免从内部发生分裂”；而他自己的任务则是“挽救这个国家及其制度，使它避免因外部因素而瓦解”。就客观的历史事实而言，确

如他所说。但是进一步分析个人的作用，真正可以称得上“英雄造时势”的是乔治·华盛顿。他不但是美国历史上，而且是世界历史上不平凡的伟大人物。

华盛顿的个人思想和品德对奠定美国建国和发展的模式起决定性作用，而且对后世有深远影响。作为一位政治领袖人物，其不寻常之处在于：(1) 对权位的淡泊。他辞任总统后要求归隐田园，并且是真心喜爱这种生活，而不是失意的选择。他的个人欲望是从田园生活中得到满足，而不是从权位中得到满足。(2) 真诚。华盛顿在就职演说中说：“美德与幸福，责任与利益，诚实宽厚的政策与社会繁荣、人民幸福都是密不可分的统一体。”这让人信服，感到他的诚恳，包括他虔诚的宗教信仰都是真诚的，而不是用来取悦老百姓的。(3) 除去个人品格外，最核心的是他的政治信仰。许多美国历史学家说，以他当时的威望，产生个人崇拜是理所当然的。但是他真诚地信仰民主政治，把宪法视为至高无上，从而避免了集权（哪怕是相对的）的诱惑。他当然有充分的自信，但并没有“舍我其谁”的想法，而是真诚地相信别人一样能把美国治理好。这是民主精神的精髓——国家的命运并不取决于最高领袖。由于以上特点，华盛顿两次当总统都没有对手，整个过程无需击败任何政敌。他的连任是迫于大家一致的挽留。而他坚决功成身退，毫不恋权，彻底不再涉政，也为美国政治打下极好的基础。如果说美国独立和美利坚合众国的成立是历史的必然，那么应该说，有华盛顿这样的开国元勋是美国人的幸运。

林肯总统以解放黑奴的功绩被载入史册，当然也是美国历史上的关键人物。如马克思所说：“在美国历史和人类历史上，林肯必将与华盛顿齐名！”但是他更多是“时势造英雄”。关于这一点，马克思有精彩的评论：“林肯不是人民革命的产儿。是那种没有意识到本身应当解决何等伟大任务的普选制的寻常把戏把他——一个从石匠上升到伊利诺伊州参议员的平民，一个缺乏智慧的光辉、缺乏特殊的性格力量、地位并不十分重要的人，一个善良的常人——送上最高位置的。新大陆还从来没有取得过比这一次更大的胜利，这证明，由于新大陆的政治和社会组织，善良的常人也能担负旧大陆需要英雄豪杰才能担负的任务！”（《马克思恩格斯全集》，

人民出版社，1965 年，第 15 卷，第 586～587 页）

当政的总统及其政治幕僚代表哪一派思潮，至少在其任内对政局是有一定的影响。所以美国经常是“自由派”与“保守派”轮流执政，政策也随之左右摆动。但是，把代表某一派的候选人选上台，一般情况下反映了当时美国的政治气氛中某一种思潮占上风，或是客观形势需要。这，还是时势造英雄。

知之为知之，不知为不知

——树立实事求是的学风

【说成语】

知之为知之，不知为不知

释义 知：通“智”。知道就是知道，不知道就是不知道，这样才是真正的智慧。

出处 《论语·为政》：“子曰：‘由，诲女知之乎！知之为知之，不知为不知，是知也。’”由：姓仲名由，字子路，生于公元前 542 年，孔子的学生，长期追随孔子。

两小儿辩日

《列子·汤问》中有一则寓言，讲的是孔子到东方游学，遇见两个小孩争辩，询问他们争辩的原因。一个小孩子说：“我认为太阳刚升起时距离人近，而到中午的时候距离人远。”另一个小孩子则认为太阳刚升起的时候距离人远，而到中午的时候距离人近。第一个小孩子说：“太阳刚升起像一个车盖，到正午就像一个盘盂，这不是近大远小吗?”第二个小孩子说："太阳刚升起清清凉凉，到中午像手伸进热水里一样热，这不是近热远凉吗？"孔子不能判定对错。两个孩子笑着说："谁说你见多识广呢？"

可见，即便是被称为圣贤的孔子也不会因自己学识渊博而妄下断言。正如其所谓"知之为知之，不知为不知，是知也"。

【话管理】

管理要旨：真正的智慧

据《论语·为政》记载，孔子对子路说："仲由，教给你正确认识事物的道理吧。（那就是）知道就是知道，不知道就是不知道，这就是聪明智慧啊！"孔子的这句名言，讲的是学习态度，说明探求学问或了解事物，应采取极其诚实的态度，懂得就是懂得，不懂就是不懂，切不可不懂装懂。孔子这段话是对弟子子路讲的，一开始采用呼告、感叹的句式，以求得听者的注意和重视，也说明了孔子对这一学习态度的极端重视。

孔子以"知之为知之，不知为不知，是知也"的警世名言，提醒人们要用诚实的态度对待知识问题，来不得半点虚伪和骄傲。要养成踏实认真的学习态度，实事求是的作风，避免鲁莽虚荣的风气。孔子主张，对不知道的事物采取存而不论的态度。智力一般的人当然不可能样样都知道。除了神怪幽明之事外，承认有所知、有所不知，是一种诚实的态度，也是最聪明的态度。唯其有所"不知"，才能成其"有所知"。宋代的大臣吕端，宋太宗称他"小事糊涂，大事不糊涂"，就是弃"小慧"而就"大智"的一个好例子。《汉书》中记载，张释之为上林尉的辩护，也正是在这一点上来立论，从而得到汉文帝的理解。据此有人认为，以子路的率直性格而言推断，孔子要他记住的不太可能是一种治学态度，孔子可能说的是另一个意思"子路啊，你可记住了，该知道的就知道，不该知道就算知道也要装作不知道，这才是真正的智慧啊。"

对此，曾仕强在《易经的奥秘》一书中还有另外一种解释：我知道一件事是为了知道这件事的人而知道，我不知道一件事是为了不知道这件事的人而不知道。他的理解是，对待不同的人有不同的答案。曾仕强教授举了一个孔子的学生和蚂蚱打赌的例子：蚂蚱说一年有三季，孔子的学生说有四季。后来他们一块儿问孔子，孔子看了看蚂蚱，对他们说，一年有三季。蚂蚱走了之后，孔子的学生问原因，孔子说，蚂蚱活不过秋天，所以对他来说一年就是有三季，你跟他争还是有三季。所以“知之为知之，不知为不知”的意思应该是“知道某个知识”是为了“知道这个知识”的人或物。后半句同理。

管理案例：一本书“啃”出一位思想家

清朝咸丰年间，吴县（今江苏苏州）有一个人中了进士，以翰林编修进入南书房任职，类似于现在的书目编辑。一天，咸丰皇帝询问他：“你闲暇时常用什么方式消磨时间？”这人回答道：“我闲暇的时候读《汉书》。”

恰巧咸丰皇帝当时也在读《汉书》，听到他的回答很高兴，因此便谈起书中说诗解颐的内容。谁知这个人原来并没有读《汉书》，一时间惊慌失措，答不出皇帝的问题。咸丰皇帝顿时感到非常恼火，命令他回到原籍读 3 年《汉书》后再来复职。

这人回到家乡以后，悠闲地生活了 3 年，回京复职。不久他又被咸丰皇帝召见。他估摸着皇帝日理万机，早把自己以前的事情忘在脑后了。哪知咸丰皇帝记忆力超强，还记得上次命他读书的事情，说：“你不是上次回乡读《汉书》的那个编修吗？”他不禁惊恐万状，战战兢兢地说：“是的。”

“那么党锢案所涉及的人物你能全说出来吗？”咸丰紧接着问道。不想那人却说：“我所读的是《前汉书》，这段历史好像在《后汉书》，我还没来得及读。”《汉书》的确是有《前汉书》和《后汉书》。《后汉书》中增加了《党锢传》《列女传》等七个类传。看来他回乡这 3 年的确是读书了，但想来也只是不求甚解地浏览了一遍。结果可想而知，他又像上次那样回家了。

俗话说“事不过三”。这次他终于在家发奋读书，通读了两部《汉书》并且从中学习到治理天下之道。这个人叫冯桂芬，是林则徐的门生，晚清著名的思想家、散文家，最早提出了“中体西用”的指导思想。

我们不妨环顾一下四周，会发现身边也不乏这样的朋友，经常说自己读了多少本书，时常在朋友圈“晒一晒”自己读的书。可是仔细一问，往往很多书也就是只知道个书名或者蜻蜓点水般地翻看了几页而已。每每到了真需要用的时候，恐怕就像冯桂芬那样直接露馅了。

究其原因，这些人或是为了炫耀，或是为了撑面子。子曰：“知之为知之，不知为不知，是知也。”读书不是为了炫耀，也不应该怕丢面子，而是为了丰富我们的学识，提升我们灵魂的高度。只有不急功近利地潜心读书、感悟，才能在一片书页中看到一个世界。在这个“快餐化”阅读的时代，用心读完一本书，就如同细细地品一盏茶，回味无穷。

学而不厌，诲人不倦

——学习型领导之职责

【说成语】

学而不厌，诲人不倦

释义 厌：厌烦，满足；诲：教导；倦：疲倦，厌倦。专心学习，从不厌烦，不知满足；教导别人非常耐心，不知厌倦。

出处 《论语·述而》：子曰：“默而识之，学而不厌，诲人不倦，何有于我哉？”

赵普：“半部《论语》治天下”

“半部《论语》治天下”的典故，相传源自北宋开国丞相赵普。赵普曾对宋太宗说："臣有《论语》一部。以半部佐太祖定天下，以半部佐陛下致太平。"赵普以《论语》治天下，反映出他勤学苦读，善于从书中明理佐政。

据《宋史》记载，赵普"每归私第，阖户启箧取书，读之竟日，及次日临政，处决如流"。赵普官至丞相，官不可谓不大，事务不可谓不多，然而"八小时之外"，避开声色犬马，好学不倦，以书佐政养心，实属难得。

【话管理】

管理要旨：学习型领导之职责

重视学习是中国共产党的优良传统，也是其事业取得成功的一条重要经验。每当革命、建设和改革处于重大转折时期，全党面临新的形势和任务的时候，更是特别强调要加强学习。1938 年 10 月，毛泽东同志在为党的六届六中全会所作的政治报告《论新阶段》中指出："学习的敌人是自己的满足，要认真学习一点东西，必须从不自满开始。对自己，'学而不厌'，对人家，'诲人不倦'，我们应取这种态度。""学而不厌""诲人不倦"是我国古代伟大的思想家、教育家孔子毕生追求和践行的文化理想和责任。毛泽东同志在中国人民进入抗日战争的艰难时期，将其用于指导领导干部学习，寓意十分深刻，至今仍具现实意义。在新的历史时期，领导干部要搞好学习，至为关键的仍然是要克服自满态度，去除浮躁心态。

"学而不厌"是领导干部应当树立的一种人生态度和应当追求的一种精神境界，是领导干部真正搞好自身学习的动力之源。现实中，有的同志在走上领导岗位之前，或为取得相关学历，或为晋升发展，尚能注意学习。一旦走上领导岗位后，就渐渐与读书学习远离。他们或忙于吃喝应酬，或忙于会议应付，无暇他顾；或浅尝辄止，不求甚解，知行不一，学用脱节。究其原因，就在于他们对读书抱有不正确的观念，或认为自己现有的知识差不多了，不用读书也能应付工作；或认为做工作比学知识重要、经验比理论重要，读不读书无所谓；或认为领导工作太忙，实在没有时间学习等。显然，这是一种轻视学习、“学而有厌”的小农意识。先贤黄庭坚说过，“人不读书，则尘俗生其间，照镜则面目可憎，对人则语言无味”。学习型组织理论的提出者彼德·圣吉指出，学习不仅是人类的天性，也是生命趣味盎然的源泉。所以，领导干部一定要深刻认识读书学习与现代领导活动的密切关系，深刻认识读书学习水平在很大程度上决定着其人生境界、工作能力和领导水平，真正把读书学习当成一种生活态度、一种工作责任、一种精神追求，自觉养成读书学习的习惯，使其成为工作、生活的重要组成部分。

自古以来，从动力机制来看，学习的境界由低到高可分为“逼学”（家长、学校、组织逼迫甚至强制学习）、教学（以教师为主导的教学相长过程）、劝学（思想家倡导、政治家号召学习）和自学（自觉、自主学习）四个层次。其中，自学无疑是最高的境界，其集中表现就是“学而不厌”。对于学习，中央领导的号召和组织要求是非常必要的，但根本的动力却是来自学习的自觉和自主。这种自觉和自主来自领导干部对读书学习与自己生活和工作之间重要关系的深刻认识和切身体验。认识不到读书学习的重要性，体验不到学习的好处，自然就不会产生“学而不厌”的动力。当然，对于多数人来讲，这种自学的动力也不是自发的，往往是伴随着“逼学”、教学、劝学而逐步养成的。一旦进入到自学的境界，读书越多就越会认识到自己的不足，就会产生学习的不满足感，热爱学习就会逐步成为自己工作和生活的常态。领导干部只有热爱学习，才能以文化润泽生活，丰富情趣；只有博览群书，才能以知识增加智慧，开阔胸襟；只有学无止境，干到老学到老，一生追求，才能无愧于今生后世。

“诲人不倦”是领导干部在创建学习型组织中所担负的重要职责，是领导干部应当扮演好的角色。中国历史上的知识分子读书治学大多奉行“穷则独善其身，达则兼善天下”的处世哲学。今天的领导干部既有不断提高自身素质的内在要求，更有组织他人搞好学习、干好工作的领导责任。被誉为二十世纪最伟大CEO的杰克·韦尔奇认为，领导力不只是你自己的事。他指出：“在你成为领导之前，成功只同自己的成长有关。当你成为领导以后，成功都同别人的成长有关。”“以前，你只需要做自己的工作。现在，你要学会做别人的工作。”应当说，绝大多数干部之所以被选拔到领导岗位上，正是因为他们具有一定的知识水平和组织协调能力，不少干部不仅自己坚持长期学习，而且在促进学习型组织建设方面也做了很多有益工作。但也确实有少数干部自己不学习，也不重视组织学习；有的在会议报告中要求大家学习，自己却不怎么学习；有的自己不动脑筋，习惯靠秘书写稿和说官话、套话，甚至一不小心漏出外行话。正如《孟子》所言：“贤者以其昭昭，使人昭昭；今以其昏昏，使人昭昭。”群众从干部身上，看不到文化修养，看不到人格魅力，只看到专断的权力，就会失去对干部的信任。因此，领导干部既要自己“学而不厌”“独善其身”，又要善于对他人“诲人不倦”。

那么，领导干部如何做到“诲人不倦”呢？首先，要带头学习，向书本学习、向群众学习、向实践学习。杰克·韦尔奇认为，做领导的准则之一，就是勇于承担风险、勤奋学习，成为表率。身教重于言教讲的就是这个道理。其次，要引导组织全体成员共同学习。海尔首席执行官张瑞敏在谈到他在企业中扮演的角色时说过：“第一应当是设计师，在企业的发展过程中使组织结构适应于企业的发展；第二应是牧师，不断地布道，使员工接受企业文化，把员工自身价值的体现和企业目标的实现结合起来。”近年来，中央及各省市领导班子定期组织集体学习，邀请专家学者开设讲座。不少高层领导结合自己的学习体会和工作需要经常向下属干部推荐阅读书目，效果非常好。个人学习好是一枝独秀，带领大家学习好则会一花引来百花香。最后，要创建学习型组织，建立健全学习激励机制，营造浓厚的组织学习氛围，以园丁的精神浇灌出满园春光，使人们活出生命的价值，使组织达到和谐发展的新境界。正如杰克·韦尔奇所说，他作为通用电气CEO的一个任务就是一只手抓种子，另一只手拿着水和化肥，让企业发展，让身边的人不断地发展和创新，而不是控制身边的人。

当然，对于领导干部而言，“学而不厌”与“诲人不倦”是相辅相成、辩证统一的。一方面，“学而不厌”是“诲人不倦”的前提和资本。如果自己厌恶学习、没有一定的知识储备和人格修养，自然就不具备“诲人不倦”的资格和感召力。另一方面，“诲人不倦”又是“学而不厌”的社会动力。教育、带领别人学习是一种领导责任，扮演学习“布道者”角色的压力，会促进自己进一步“学而不厌”，努力去掌握更多的知识、智慧和技术。如此形成良性循环，就会促进个人和组织学习的健康持久发展。

管理案例：“教书比天大”——耶鲁精神

耶鲁大学，是一所贵族私立大学，最初由康涅狄格州公理会教友创立于1701年，1716年迁至康涅狄格州的纽黑文。被公认为全美乃至世界最好的私立大学之一。

由耶鲁大学高级讲师苏炜先生撰写的《有感于“教书比天大”》一文中写道：

2011新年伊始，美国东部连续遭受了数场规模惊人的暴风雪袭击。某日早晨起来，打开电脑，接到同事转来的系主任通知：如果风雪太大，交通困难，今天的课程可以取消。“圣旨”在握，我乐得当一天风雪寓公，便发电邮通知学生停课改课。

只是我不知道，此时的耶鲁校园，风雪弥漫之中，各门专业课程的开学第一堂课，大都按部就班地进行。年逾花甲的孙康宜教授是我们东亚系最资深也是唯一的讲座教授。为着不耽误学生正常上课，她已经在学校的简易招待所住了两晚。日后我从校报闻知：全校开学第一堂课共有58门专业课，世纪大风雪中，50门课如期开讲。全校有五十多位资深教授，在接到暴风雪来临的天气预报之后，提前一晚住进校园，连续多日不回家——有的自掏腰包住入附近的旅馆，许多人干脆就在自己的办公室过夜，只是为着不受风雪干扰，全力以赴为新学期开课启程。这并不是校方的硬性要求，院长们反而是一再发电邮强调安全第一，请任课教师自主决定课程安排。

那天顺路送康宜老师回家，我才知道，原来这竟是耶鲁资深教授们常见的因应风雪之道。孙老师微笑着说：因为耶鲁有三百年来不因天候停课的老传统，这也是一种“Professional”的坚持呀！我心头一震，脸上不禁红了起来。

“Professional”（专业性，专业化，专业精神），在中文里常常被译为“敬业”；但它在英文里的意义，却有着某种特殊的标尺，特殊的沉重。任何“职业中人”，恐怕最大的过失、最怕听到的批评，就是“unprofessional”（不专业）了。

全力聚焦本科生教育，重视课堂教学，对教书有一种几近宗教性的崇敬，这确是我在耶鲁任教十几年来所深深感受到的“耶鲁精神”之一。某些名校，大牌教授们忙着飞往世界各地出席各种研讨会，课堂教学往往就交给博士生或TA（助教）代庖，以致留下了诸如“教授在哪里？教授在空气（air，航班）里”的学生俚语。在别处，这或是一种常态，在耶鲁，这却是大忌。

学而不思则罔，思而不学则殆

——学会发问和思考

【说成语】

学而不思则罔，思而不学则殆

释义 则：表示因果关系的词，就，便；思：思考；罔：通“惘”，迷惑，困惑；殆：危险。只学习而不深入思考，就会迷惑不解而无所收获；但只是去空想而不去学习，那就危险了。

出处 《论语·为政》“子曰：‘学而不思则罔，思而不学则殆。’”

思考是创造力之源

孔子说：“学而不思则罔，思而不学则殆。”“吾尝终日不食，终夜不寝，以思，无益，不如学也。”子夏说：“博学而笃志，切问而近思，仁在其中矣。”这些都强调学习与思考相结合的重要性。

人区别其他动物的关键所在，就是人长了一个会思考问题的大脑。思考是创造力之源。一个红红的苹果从树上掉了下来，有人接过苹果咬上一口，说：“今天运气不错，苹果真好吃。”但牛顿思考的是，苹果为什么不往天上飞，而是往地下掉？后来经过努力，他发现了万有引力。很多人都见过水烧开时壶盖被水汽顶起的情景，但瓦特通过思考这一现象，发明了蒸汽机，推动了世界工业革命的飞跃发展。可见，思考是打开智慧大门的钥匙，是穿破未知障碍的利箭，是通向成功彼岸的桥梁。

学习和思考，犹如鸟之双翼、车之双轮，二者相辅相成，缺一不可。

【话管理】

管理要旨：学问贵在有疑

学问学问，要有所学，必先有问，要有所问，必先有疑。疑是发现问题，问是提出质疑，质疑解决了，就获得了学问。

北宋理学家张载说：“观书者，释己之疑，明己之未达，每见每知所益，则学进矣。于不疑处有疑，方是进矣。”明末思想家黄宗羲认为：“小疑则小悟，大疑则大悟，不疑则不悟。”清代学者陈宪章说：“学贵质疑，小疑则小进，大疑则大进。疑者，觉悟之机也。”一番觉悟，一番长进。他们都主张学习他人知识和经验，需要质疑性思考。这种怀疑并不是托大，更不是拒绝，而恰恰是为了更好地学习，因为“没有怀疑就没有真正的信仰”。

古今许多大学问家，都是学中有疑、善于发问的人。清朝的学者戴震，幼年读书时就曾接二连三地向老师提出疑问。由于他敢于提问，勤于思考，在学业上取得了很大的成就，最后成为一个著名的思想家。在学习上，怀疑绝不是目的，而是为了走向真理。我们求知的过程，也就是破旧立新、用真理替换谬误的过程。

法国作家巴尔扎克说："打开一切科学之门的钥匙都毫无疑问的是问号，我们大部分伟大发现应归功于如何问，而生活的智慧亦在于逢事问个为什么。"学习的过程从本质上讲，就是在怀疑中学与问的过程，倘若后之学者都迷信前人的知识和经验，拘泥于权威，那就没有学术上的发展和创造力的迸发，人类文明也就不会进步了。当然，怀疑需要更深入的思考，不能听风就是雨、浅尝辄止，在质疑中学习，无疑是通往成功的一个起点。要想发现问题，提出问题，必须具备丰富的知识。任何有效的怀疑，都必须以大量的实际材料为基础。比如达尔文对"物种不变论"所进行的挑战，绝不是一时的发现，而是他作了历时5年的环球旅行，收集了大量动植物标本，潜心观察的结果。没有大量丰富的资料，达尔文决不会提出有价值的怀疑。

疑之所以可贵，就贵在敢于思索，敢于设想，敢于创新，敢于发现真理。法国启蒙思想家狄德罗有句名言："怀疑是走向哲学的第一步。"地质学家李四光对他的学生说过："不怀疑就不能见真理。"学习、思考和创新，作为人类一种特有的智慧活动，离不开科学的方法。而学会质疑，不为成论所困、不被经验所惑，则是走向哲学思维、进入辩证思考的第一步，是一个人走向成熟的理性标志。

管理案例：循序渐进和精于思考

朱熹读书除了强调"用心"和"熟读成诵"外，还倡导"循序而精致"和"学原于思"。"循序而精致"即是循序渐进；"学原于思"即是精于思考。

先说循序渐进。朱熹说："读书之法，莫贵于循序而致精。"循序渐进、由粗至精是读书人应遵循的方法和规律。所以朱熹又说："学者自博而约，自易而难，自近而远，乃得其序。""读书之法，既先识得他外面一个皮壳了，又须识得他里面骨髓方好。"读书应当先观其大体，先通懂粗懂，然后再细读精读，深入了解书中的奥妙。以读"四书"为例，朱熹规定"某要人先读《大学》，以定其规模；次读《论语》，以立其根本；次读《孟子》，以观其发越；次读《中庸》，以求古人之微妙处。《大学》一篇，有等级次第，总作一处易晓，宜先看；《论语》却实，但言语散见，初看亦难；《孟子》在感激兴发人心处；《中庸》亦难读，看三书后，方宜读之。”《大学》的规模是三纲八目，《论语》的根本是“吾道一以贯之”，《孟子》的发越是“存心”“养心”“尽心——知性——知天”，《中庸》的微妙是“诚”。朱熹“四书”学就是以这传统儒学文化四条精神血脉构成的一个庞大的理学体系。

再谈精于思考。朱熹说：“学原于思”。因为真正的知识并不是来自书本，而是来自思考。所以，读书若不加以思考，是无从发现疑问、进而辨疑解难的。朱熹自宋庆元二年（1196年）至庆元六年（1200年），相继写成的《楚辞集注》《楚辞辨证》《楚辞音考》和《楚辞后语》四部著作，是他积四十余年攻读《楚辞》，精于思考的读书心得。在朱熹之前，从东汉王逸的《楚辞章句》到南宋洪兴祖的《楚辞补注》，都偏重章句名物的训诂，不脱汉儒说经习气，忽视对楚辞作品旨意义理之阐发与领会。而朱熹《楚辞集注》则力矫前人注解《楚辞》的通病，完全仿照《诗集传》的体例、格局，《诗》六义成了他建造《楚辞》学体系的构架与模式，以《诗》学解说《楚辞》学，诗骚沟通；训诂、声韵、义理兼重。突出对字义章意的解释，克服汉以来注解《楚辞》上偏重章句训诂的经师风习，建立起一个字、音、义三者统一的《楚辞》解说体系。朱熹借助《楚辞》重塑了屈原忠君爱国的历史形象，宣扬了理学人本主义。从历代学者诠释《楚辞》的史实说明，读书是为了思考，这类人的确很少，朱熹是其中一个，从东汉到宋一千多年间，只有朱熹才写出《楚辞集注》这样一部不失为宋代知识分子思想解放运动中划时代标志的楚辞学著作。

总之，朱熹的读书方法构成了一个完整的体系，此体系是他在读书穷理的总目标下建立起来的。他的读书志向是走圣贤之道，他的读书态度是专心致志，他的读书方法是熟读成诵，而循序渐进、精于思考则是他辨疑解难、圣经贤传的根本。

学而时习之

——学习还须练习

【说成语】

学而时习之

释义 时：时常，经常；习：温习，复习；之：文言代词，这里代替所学的知识。学习知识，又要时常去温习知识，才能巩固所学的知识。

出处 《论语·学而》：“子曰：‘学而时习之，不亦说（悦）乎？’”

“杜诗疗疾”

宋代《唐诗纪事》记载：有人患疟疾难受不已，诗圣杜甫告之“吾诗可以疗之”。先读“夜阑更秉烛，相对如梦寐”，未愈；又诵“子章髑髅血模糊，手提掷还崔大夫”。冷不防听到这极其恐怖的诗句，患病者吓得不寒而栗，疟疾病竟然好了。“杜诗疗疾”虽无从详考，但正如莎士比亚所言“书是全世界的营养品”，确有治病救人之奇效。

【话管理】

管理要旨：读书与做人

为人处世，先要做人。做人，应该读书。

怎么做一个好人？要读书。“为什么读书便能学得做一个高境界的人呢？因为在书中可碰到很多人，这些人的人生境界高、情味深，好做你的榜样……他们是由千百万人中选出，又经得起长时间的考验而保留以至于今日，像孔子，距今已有二千六百年，试问中国能有几个孔子呢……为什么我们敬仰崇拜他们呢？便是由于他们的做人。”钱穆先生说，“假如我们诚心想学做人，‘培养情趣，提高境界’，只此八字，便可一生受用不尽。”

怎么做一个摆脱平庸的人？要读书。“阅读的最大理由是想摆脱平庸……平庸是一种被动而又功利的谋生态度。平庸者什么也不缺少，只是无感于外部世界的精彩，人生历史的厚重，终极道义的神圣，生命涵义的丰富。而他们失去的这一切，光凭一个人有限的人生经历是无法获得的。”余秋雨说，“只有书籍，能把辽阔的空间和漫长的时间浇灌给你，能把一切高贵生命早已飘散的信号传递给你，能把无数的智慧和美好对比着愚昧和丑陋一起呈现给你。区区五尺之躯，短短几十年光阴，居然能驰骋古今，经天纬地，这种奇迹的产生，至少有一半要归功于阅读。”

怎么做一个高人？要读书。习近平说：“各级领导干部要深刻认识现代领导活动与读书学习的密切关系，深刻认识领导干部的读书学习水平在很大程度上决定着工作水平和领导水平，真正把读书学习当成一种生活态度、一种工作责任、一种精神追求，自觉做到爱读书读好书善读书，积极推动学习型政党、学习型社会建设。”

读书，要学而时习之。“学而时习之，不亦说乎？”两千年来，所有中国的读书人从小就对这句话耳熟能详。无论是成语词典的权威解释，还是人们日常的理解，都是学了以后时常去复习，不也觉得很高兴吗？傅佩荣先生则认为，这句话中的“时”不是“时常”的意思，而是“适当的时候”。其中的“习”则指的是“练习”。整句话的意思是，孔子说：“学了做人处事的道理，并在适当的时候印证练习，不也觉得高兴吗？”这种理解颇有新意。

实际上，无论是读书学习还是从事管理工作等，我们都可以从以上两种角度对“学而时习之”加以理解和运用。一方面，我们应当把学习作为一种生活方式，对于伦理道德、基本理论、基础知识，要扎扎实实地学习，反反复复地学习，不能浅尝辄止、浮皮潦草，“雨过地皮湿”或“黑瞎子掰棒子，掰一个掉一个”。这是一种无效的学习。另一方面，我们应当把学习当作一种工作、一项事业，把读书学习与品行修养和实践应用紧密结合起来，避免一味“坐而论道”“纸上谈兵”，特别要防止言行不一。学练结合、学用结合是搞好学习的有效途径和基本目的。俗话说得好：“光说不练是假把式，光练不说是傻把式，能说会练是真把式。”

一位领导同志给“是大家常说家常”对出上半句：“凡才子夜读子夜。”其意境，或许“夜读子夜”就是“晚上读写想”，“常说家常”就是“白天走干讲”吧？读书与做人，做到这样的境界，即是“才子”“大家”。

管理案例：书犹药也，善读之可以医愚

人有病，就免不了吃药；吃药，就免不了找医生开药方，这是人尽皆知的常识。其实，生活中还有一种不用找医生开药方的药，那就是书。汉代大学者刘向说：“书犹药也，善读之可以医愚。”意思是，读书是医愚之良药。的确，书是人类的精神食粮，多读书读好书，不仅能使人增智明理，还有“防病”和“治病”的奇效。

一生与书为伴、以书祛病健身的中外名人不胜枚举。孔子一生坎坷，颠沛流离，最终活到73岁，爱读书，显然是孔子受益匪浅的养生之道。北宋大诗人陆游，晚年穷居乡间，常靠读书怡情；他的切身体会是：“病中书卷作良医”，“读书有味身忘老”。

读书果真能与吃药效果相同吗？有例为证：

——治头风病。据《三国演义》载：曹操患头风之疾，经常头痛难忍，久治不愈。一个偶然的机会，他读了陈琳的《讨曹檄文》，惊出一身冷汗，头风病竟不药而愈。

——治口吃病。据《太平广记》载：有患者“王法朗，舌大而长，呼文字不甚真切”，后来通过“精诵五千言”的读书训练法，竟“颇有证验”，说话流利多了。

——治忧虑病。据史料记载：春秋时有个鲁国人叫闵子骞，因为怀才不遇，积郁成疾，看了不少医生也不管用，后来对孔子的书产生了兴趣，便天天读之，久之，心开一窍，忧虑病就逐渐好转。

——延缓衰老，预防痴呆症。医学研究表明，老年痴呆归根结底是大脑功能衰退，记忆能力丧失。而勤于读书能促进“脑运动”，而不断的脑运动可以直接促进脑健康，从而通过脑协调与控制全身的功能，防止老年痴呆的发生。勤于读书用脑的人，大脑血管经常处于舒张状态，以输送充足的氧气和营养物质，从而延缓中枢神经老化，带动血液循环，使全身各系统功能保持协调统一，促进人体健康。美国哈佛大学心理学家德格斯·坡厄尔对1600多名25岁到92岁爱读书的人进行推理能力、记忆力、视力以及对空间判断力的测试，发现80多岁的人，表现得几乎和年轻人同样良好；一部分80多岁与90多岁的人的智力，接近任何年龄段的最高水平。

——对女性来说，读书的意外收获是减肥。法国“食品习惯及体重观察站”对在法国北部加来海峡地区的6666名居民进行了一项历时10年的研究，结果表明：患有肥胖症的女性大多数是文化水平很低的妇女。而嗜好阅读的妇女发胖的可能性较小，因为爱阅读的妇女更清醒地意识到生活平衡的重要，因此更乐意进行体育锻炼。

书，虽可治病，但毕竟与中西药品的药理有所不同。它主要用于情志方面疾病的治疗。诸如弱智、疑虑、灰心、心烦、急躁、萎靡、气盛等，大都可以通过读书得以调理和矫正。《鄢陵县志》载：“好读书而要有要领……凡读者皆有益于身心性命。”意为有选择地读书可使身心愉快，从而对身体产生康复作用。所以有人把书籍比作“面包”“空气”“阳光”“补品”“鲜花”“阶梯”“窗口”等。英国戏剧家莎士比亚概括说：“书是全世界的营养品。”这里的“营养品”当然主要指精神上的营养品。你想，人有了充足的营养，有了健康的身心和免疫能力，纵然不治病，也能健身延寿。这一点，恐怕是没人怀疑了。

既然读好书可以医病，那么，倘若读了坏书，那便如同吃了不对症的“错药”或吃了含有毒副作用的“毒药”一样，不仅不能治病，还会对身体有害甚至会“致病”的。俗话说：“读好书，越读越富；读坏书，越读越输。”之所以“输”，就在于它是“蒙汗药”，使你失去理智和控制力；它是“鸦片”，引你走向慢性自杀；它是“恶魔”，使你神经错乱，甚至跟着它走邪道干坏事。这样的误入歧途者，比肉体上患了疾病的人不更难挽救么？

吃药要吃真药好药，读书也要读好书读精品。这就有一个鉴别和选择的问题了。在一定程度上讲，选一本有益身心特别是“对症”的书，确比选几味管用的良药要难得多。

朝闻夕死

——上士闻道，勤而行之

【说成语】

朝闻夕死

释义 朝：早晨；夕：傍晚。早晨听闻了圣贤之道，即使傍晚死去也无遗憾。形容对真理或某种信仰追求的渴望心情。

出处 《论语·里仁》：“子曰：‘朝闻道，夕死可矣。’”

人生三件事

哥伦比亚《万花筒》周刊发表文章说：人生三样东西一去不复返：时间、言词和机会；三样东西足以毁掉一个人：怒气、骄傲和不宽恕；三样东西应永不放弃：平和、诚实和希望；三样东西最无价：爱、善良和亲友；三样东西最无常：成功、财富和梦想；三样东西成就一个人：真诚、承诺和勤奋；三样东西最神圣：父母、孩子和信仰。

【话管理】

管理要旨：上士闻道，勤而行之

老子《道德经》四十一章中有一段话说得非常深刻和精辟：“上士闻道，勤而行之；中士闻道，若存若亡；下士闻道，大笑之。不笑不足以为道。故建言有之：‘明道若昧，进道若退，夷道若纇’。上德若谷；广德若不足；建德若偷；质真若渝；大白若辱；大方无隅；大器晚成；大音希声；大象无形；道隐无名。夫唯道，善始且善成。”上士，是有志的人，所以闻道就努力不懈地去实行，绝不间断。中士，是普通的人，由于见识不足，认道不清，所以觉得道似真似幻，若有若无。下士，是俗陋的人，见识浅薄，根本不晓得道为何物，听见合于道的话，反而哈哈大笑起来，以为荒诞不经。如果不能让这般俗陋的人大笑的话，那道就不是高深的，也算不得是真道呢！所以古时候立言的人有这样的话：“从表面上看来，明道反像暗昧，进道反像后退，平道反像不平。”同样，上德反像低下的川谷，广大的德性反似不足的样子，刚健之德反像怠惰的样子，质朴的德反似易变的样子，高洁显荣反似蒙垢受辱，其理莫不本源于此。广大的空间没有可指的角落，伟大的成就大都晚成，天籁的声音无声可闻，没有形象的象无形可见，大道隐微不可说，没有名称来指明。上士听到上面

这些道理，立刻付之行动，以期合于道体。因为只有无时不有、无所不在的大道，才能施恩万物，才能无所不成。

对真理或知识的追求是中国先秦诸子百家的共同情怀。这不仅是儒家圣贤修身养性的目标，也是道家先哲追求的理想境界。对今天的领导干部及企业管理者而言，在个人学习和组织管理之道的探索征程中，都应当树立并坚持“朝闻道，夕死可矣”和“上士闻道，勤而行之”的伟大情怀和执着追求。习近平总书记强调：“我们的干部要上进，我们的党要上进，我们的国家要上进，我们的民族要上进，就必须大兴学习之风，坚持学习、学习、再学习，实践、实践、再实践。”读书学习不仅决定个人的成长与进步，也关系着民族的素质和力量，影响着国家的前途和命运。我们要把读书学习当成日常生活的状态、成长成才的常态，以敢破敢立的姿态，点燃读书激情，大兴学习之风。

作为企业，可以把“道”理解成制度、文化或者每一件要做的事情。那么，对于企业制度，我们是不是坚持下去了呢？对于企业文化，是不是仅仅当成了口号，说起来重要，做起来次要，忙起来不要呢？企业制定了正确的战略，就应该坚持下去；员工制订了工作计划就应该持之以恒，毫不松懈。只有具备强大的行动力和持之以恒的毅力，才能真正达到“上士”的境界。

管理案例：刘邦的临终悔悟

自古以来，为政者都知道读书的重要性。汉高祖刘邦生平瞧不起读书人，他曾在儒生的帽子里撒尿，羞辱读书人。他自己也不爱读书。但弥留之际，却悔悟地在写给太子的一篇文章中说，他遭逢秦始皇焚书坑儒的乱世，便觉得读书没什么用。等到登基以后，才开始认真地读书，这才知道了写书者的用意。回想当年所为，他感到错误太多了，并告诫太子要好好读书。

可惜的是，与孔夫子“朝闻道，夕死可矣”的学习之紧迫渴望相比，刘邦只不过是“临到死时方闻道”，但总算对后代有所启发。

三思而行

——善于思考和总结

【说成语】

三思而行

释义 三：再三，表示多次。原意指犹豫不决，拿不定主意，后泛指经过反复考虑，然后再去做。

出处 《论语·公冶长》："季文子三思而后行。子闻之曰：'再，斯可矣。'"

曾国藩静思

相传，清末名臣曾国藩有个静思的习惯。每次静思时，他总要在房间里点一炷香，当香烟袅袅升起的时候，他坐下来静静地把前后的事情想一遍，应该怎么做和不应该怎么做。

【话管理】

管理要旨："三思"吾身在力行

"三思而后行"的古训，就是教我们要养成做事前多思考的好习惯。"三思而后行"并不是胆小怕事、瞻前顾后，而是成熟、负责的表现。做事凭感觉、凭情绪、凭一时的冲动，往往导致考虑问题不周全、行动出差错。因此，领导者和管理者决定做一件事的时候，特别是面对重大问题时，必须要进行全方位的考虑，拿不准的时候多听听旁人的意见，也很有好处。对于个人而言，应在如下三个方面下功夫。

一是思事立身。事业是个人赖以立足、实现价值的重要支撑。身为领导干部，就要时刻珍惜自己的政治生命，自觉坚定理想信念，坚守崇高的精神追求，在任何“风浪”和诱惑面前，都能确保政治立场坚定，明辨大是大非。要思正事，精业务。在这个“尊重劳动、尊重知识、尊重人才、尊重创造”的时代，青年人更要倍加珍惜，心无旁骛、专心致志地谋事创业。只有切实做到“干一行、爱一行、精一行”，才能不愧对组织、不愧对师长、不愧对时代。

二是思人修身。常言虽说，“多琢磨事，少琢磨人”，但琢磨人也不能一概否定，关键是要有利人助人的正确角度。应思人之恩。青年的成长进步，离不开个人的努力奋斗，也离不开组织的关怀、领导和前辈的提携、亲朋好友的支持。所以要常念别人的好，知恩报恩。应思人之能。“尺有所短，寸有所长”。每个人无论身处何种岗位、职务高低，总有其耀眼闪光之处，年轻人要多用欣赏的日光看他人，见贤思齐，切勿夜郎自大、自以为是，更不能嫉贤妒能。应思人之难。多体谅别人的难处，别人做不到的事情，不强求；别人没做好的事情，多宽容。生活中更要将心比心、换位思考，不强人所难，不能因自己的愿望没能得到满足就心怀不满，甚至打击报复。

三是思己省身。古人有“吾日三省吾身”之说，青年人尤其需要经常自我反省。要思己之短，勤学习。任何人都不是全能的，即使是某个方面的行家里手，但在其他领域也可能是“门外汉”。特别是在当今知识更新加快、科学技术日新月异的时代，更要有强烈的“本领恐慌”和忧患意识，以高度的责任感、使命感和只争朝夕的精神勤奋学习，努力弥补自己的短板和不足。要思己之过，常反省。“静坐常思己过”是一种心境，更是一个人成熟、负责、自律的表现。古人云：“君子博学而日参省乎己，则知明而行无过矣。”要经常反躬自省是否存在精神懈怠的危险、是否存在作风散漫的表现，时刻检讨纠正自己的思想言行，不断鞭策自己，始终做到慎初、慎独、慎微，清正、清廉、清明。

管理案例："三思而后行"与快速地把握时机

在这个快速多变的社会中，稍一犹豫，时机便会在瞬间错失。有的时候考虑得太多也是不好。正如鲍威尔所言："在做决策的时候需要在掌握40%至70%信息的时候做出你的决策。信息过少，风险太大，不好决策；信息充分了，你的对手已经行动了，你就出局了。"这里，"三思而后行"与快速地把握时机实际上并不矛盾，做事情要学会把握时机，同时在决策的时候还要多去思考。这样的人才有希望到达成功的彼岸，立于不败之地。

举一反三

——学会多向思维

【说成语】

举一反三

释义 反：类推。比喻从一件事情类推而知道其他许多事情。形容善于学习，能够由此及彼。

出处 《论语·述而》："举一隅不以三隅反，则不复也。"

举一反三地"悟"才是真正的"悟"

一座高耸入云的山上有两所寺院——普济寺和光度寺。每日清晨，两个寺院都会分别派一名小和尚——明悟和明心，到山下的集市买菜。两人每天几乎都同时出门，所以总能碰面，经常暗地比试彼此的悟性。

一天，明悟和明心又碰面了，明悟问：“你到哪里去?”明心答：“脚到哪里，我就到哪里。”明悟听他这样说，不知如何接话才好，站在那里默默无语。买完了菜，他回到寺院向师父请教，师父对他说：“下次你碰到他还用同样的话问他，如果他还是那样回答，你就说：‘如果没有脚，你到哪里去?’”明悟听完点头称是。

第二天早上，明悟又遇到明心，于是满怀信心地问：“你到哪里去?”没想到这次明心回答道：“风往哪里去，我往哪里去。”明悟没料到他换了答案，一时语塞，又败下阵来。明悟回到寺院，再次报告给师父听，师父哭笑不得，说：“那你可以反问他‘如果没有风，你到哪里去’嘛，这是一个道理啊。”明悟听了以后，暗暗立下决心，明天一定要胜过明心。

第三天，明悟遇到明心，又问道：“你到哪里去?”明心笑了笑，说：“我到集市去。”明悟又一次无言以对。回到寺院，他的师父听了之后感叹道：“举一反三地‘悟’才是真的‘悟’啊!”

可见，教育需要启发与激励，学习和工作需要举一反三；教育要讲究教育方法，学习和工作也要讲究灵活的方法。

【话管理】

管理要旨：创造性思维与价值工程法

创造性思维，是一种具有开创意义的思维活动，即开拓人类认识新领域、开创人类认识新成果的思维活动。创造性思维是以感知、记忆、思考、联想、理解等能力为基础，具有综合性、探索性和求新性特征的高级心理活动，需要人们付出艰苦的脑力劳动。一项创造性思维成果往往要经过长期的探索、刻苦的钻研甚至多次的挫折方能取得，而创造性思维能力也要经过长期的知识积累、素质磨砺才能具备，至于创造性思维的过程，则离不开繁多的推理、想象、联想、直觉等思维活动。

创造性思维是一种发散性思维。具有这种思维方式的人，在遇到问题时，能多角度、多侧面、多层次、多结构地去思考、寻找答案，既不受现有知识的限制，也不受传统方法的束缚，其思维路线是开放性、扩散性的。它解决问题的方法更不是单一的，而是在多种方案、多种途径中去探索、选择。创造性思维具有广阔性、深刻性、独特性、批判性、敏捷性和灵活性等特点。

价值工程，又称价值分析，是一门新兴的管理技术，是降低成本、提高经济效益的有效方法。它20世纪40年代起源于美国，麦尔斯是价值工程的创始人。在二战之后，由于原材料供应短缺，采购工作常常碰到难题。经过在实际工作中孜孜不倦地探索，麦尔斯发现有一些相对不太短缺的材料可以很好地替代短缺材料的功能。麦尔斯逐渐总结出一套解决采购问题行之有效的方法，并且把这种方法的思想及应用推广到其他领域。例如，将技术与经济价值结合起来研究生产和管理的其他问题，这就是早期的价值工程。1955年这一方法传入日本后，与全面质量管理相结合，得到进一步发扬光大，成为一套更加成熟的价值分析方法。这种方法在原料采购方面所运用的“价值替代”观念及方法实际上就是一种善于“举一反三”的多向思维方式。

价值工程是一种用最低的总成本可靠地实现产品或劳务的必要功能，着重于进行功能分析的有组织的活动。价值的表达式为：价值（V）＝功能（F）/成本（C）。提高价值的基本途径有5种：（1）提高功能，降低成本，大幅度提高价值。（2）功能不变，降低成本，提高价值。（3）功能有所提高，成本不变，提高价值。（4）功能略有下降，成本大幅度降低，提高价值。（5）适当提高成本，大幅度提高功能，从而提高价值。

价值工程已发展成为一门比较完善的管理技术，在实践中已形成了一套科学的实施程序。这套实施程序实际上是发现矛盾、分析矛盾和解决矛盾的过程，通常是围绕以下几个合乎逻辑程序的问题展开的：这是什么？这是干什么用的？它的成本多少？它的价值多少？有其他方法能实现这个功能吗？新的方案成本多少？功能如何？新的方案能满足要求吗？顺序回答和解决这些问题的过程，就是价值工程的工作程序和步骤，即：选定对象，收集情报资料，进行功能分析，提出改进方案，分析和评价方案，实施方案，评价活动成果。

管理案例：麦尔斯与“石棉板”事件

价值工程发展历史上的第一件事情是美国通用电气公司（GE）的“石棉板”事件。二战期间，美国市场原材料供应十分紧张，GE急需石棉板，但该产品的货源不稳定，价格昂贵。时任GE工程师的劳伦斯·戴罗斯·麦尔斯（Lawrence D. Miles）开始针对这一问题研究材料代用问题。通过对公司使用石棉板的功能进行分析，麦尔斯发现其用途是铺设在给产品喷漆的车间地板上，以避免涂料沾污地板引起火灾。后来，麦尔斯在市场上找到一种防火纸，这种纸同样可以起到以上作用，并且成本低，容易买到。这一替换取得很好的经济效益，这是最早的价值工程应用案例。

通过这个改善，麦尔斯将其推广到企业其他的地方，对产品的功能、费用与价值进行深入的系统研究，提出了功能分析、功能定义、功能评价以及如何区分必要和不必要功能并消除后者的方法，最后形成了以最小成本提供必要功能而获得较大价值的科学方法。1947年，麦尔斯撰写的《价值分析程序》的发表标志着“价值工程”的正式产生。

触类旁通

——学习贵在由此及彼

【说成语】

触类旁通

释义　触：碰，遇到；旁：别的；通：懂得。比喻掌握了解某一事物的变化、趋势及规律，从而类推了解同类的其他事物的变化、趋势及规律。

出处　《周易·系辞上》："引而伸之，触类而长之，天下之能事毕矣。"又如，《乾》："六爻发挥，旁通情也。"后以"触类旁通"谓掌握了某一些事物的规律，就能推知同类事物。

【话管理】

管理要旨：学习的过程从温故知新、举一反三、触类旁通到融会贯通

学习的方式有很多种，是走马观花、囫囵吞枣还是彻底消化、融会贯通，两种方法取得的效果一定不同。知名民营企业家严介和认为，单靠知识改变社会的时代一去不复返了，智慧才能改变命运。他给大家分享的学习的过程是从温故知新、举一反三、触类旁通到融会贯通。

严介和说："现在的文化是文而不化，教育是教而不育。不要为了文化而文化，为了教育而教育。单靠知识改变社会的时代一去不复返了，智慧才能改变命运。在传承的基础上一定要有所为，有所不为。文化一定要贴近自己的过去，还要贴近企业的本身。文化传承需要从举一反三、触类旁通到融会贯通，创造文化是一流的，无中生有就是一流的创造。"

融会贯通，是一种美，犹如鱼游浅海，鹤翔长空，优雅而从容；又如庖丁解牛，在生命狭隘的缝隙，闪转腾挪，举重若轻，游刃有余。触类旁通，是一种爽，犹如武功练至炉火纯青，打通了七经八脉，周身酣畅淋漓。

在政治经济社会生活中，谁不奢望脚下无阻碍、心灵至通透？有一座桥梁，可以达到，这便是通过温故知新、举一反三的路径，达到触类旁通、融会贯通的大境界。如反其道而行之，一是一，二是二，只知其一不知其二的人生，是僵硬的人生、脆弱的人生，也是忙碌却所得有限的人生，典型的如死读书、读死书、书读死，爱书成癖、读书成瘾、至成呆气。

从前匈牙利有位贵族叫查罗斯特公爵，他酷爱读书。革命期间，他被推上了断头台。押解途中，他仍在一边走路一边看书，镇定如常。等到脖子被架在台上，用不着看着路面了，他就掏出一支笔来，趁刀子还没掉下来之前，在刚刚读到的精彩句子下画线做记号。

孔子曾对他的学生说："举一隅，不以三隅反，则不复也。"意思是说："我举出一个角，你们应该要能灵活地推想到另外三个角，如果不能的话，我也不会再教你们了。"后来，大家就把孔子说的这段话变成了"举一反三"这句成语，意思是说，学一样东西，要灵活地思考，运用到其他相类似的东西上。因此，宋代大儒朱熹说："举一而反三，闻一而知十，乃学者用功之深，穷理之熟，然后能融会贯通，以至于此。"

人生智慧源于设身处地，将大事小情举一反三。遇到一件事，面对和处理之后多思考一下：这样的处理是否是最有效、统筹最优的方式，是否有更好的解决办法，有什么类似的案例，处理方式方法是否有规律可循，从中得到的经验教训是什么。通过一件事情悟透同类的事情，通过处理一件事有了处理所有同类事情的经验，这就是从举一反三到触类旁通。这样才可以腾出时间去接纳和学习更新的东西，做学问也才能做得流畅顺随，做事情也才能做得通透轻松，重要的是，生命由此可以远离狭隘。

卷帙浩繁的经史子集、百科全书，一个人穷毕生精力，可得几分？这几分之中，又可否窥见几丝人生真谛？毕生所学知识，对于知识的海洋来说，无疑是海中滴水，天上尘星；所以我们需要学的不仅仅是知识，更应该是一种思维方式，以及一种探求其中规律的方法。融会贯通便是：滴水见海，沙中可见宇宙，花里可现菩提。

由此及彼，可在瞬间领悟，道生一，一生二，二生三，三生万物。中国古老哲学里蕴含着生命的智慧。中医认为，人体是一个有机整体，内脏有病可以反映到体表。现代医学通过检查血液、尿液来分析内脏疾病，体温计、脑电图、心电图通过体表记录人体生物电传导情况从而判断病情，望口唇苍白诊为贫血等，都证明了中医的古代全息思想。

打开电脑，接通网络，全球信息会根据自己的搜索出现在屏幕上，因为电脑网络是全息的。关节炎患者会提前获悉降雨的信息，许多动物会提前感应到地震的信息，因为地球是全息的。月亮的盈亏会引起海潮的变化，太阳黑子的活动直接影响着地球气候的变化和地球生命的节律，因为太阳系是全息的。

举一反三、由此及彼的学习方式，带来融会贯通、触类旁通的收获，生活的空间因此而扩容，心灵的空间因此而更加开阔。当思想可以任意遨游、自由呼吸的时候，智慧就诞生了。

《周易》曰："引而伸之，触类而长之，天下之能事毕矣。"《中庸》曰："博学之，审问之，慎思之，明辨之，笃行之。"高尔基说："人的知识愈广，人的本身也愈臻完善。"

管理案例：做学问要有大眼界——谷超豪院士

"我在读大学时，除了学数学，还选修了物理系的相对论、量子力学、理论物理等课程，尽管当时不是很懂，但以后碰到物理方面的问题，我就不怕了。现在我能在数学和物理两个领域展开科研，得归功于当时的跨学科学习。"中科院院士、复旦大学教授谷超豪告诫青年学子："做学问就像下棋，要有大眼界，只经营一小块地盘，容易失去大局。"

扎实的基础、广博的知识，并且能够触类旁通，就能在学术"棋盘"上连成一大片。

基础怎样打？谷超豪忆起早年在浙江大学的求学经历：一门数学研究讨论课，苏步青教授交给他们一篇100页的数学论文，要求先从头到尾抄一遍，认真钻研，然后在课上接受提问，不及格者不得毕业。正是这种严格的训练，为他打下了扎实的学科基础。

在谷超豪大眼界的背后是大胸怀。从微分几何到偏微分方程，从数学领域到物理领域，谷超豪攀登了一个又一个高峰，国外同行评价他"创新、多变"。不断尝试跨领域研究，动力从何而来？谷超豪的回答是："国家、社会的需要，是研究的生命所在。"在前苏联攻读博士学位期间，他挤出时间听本科生的流体力学课程，钻研其中的数学问题，因为"苏联的卫星刚刚上天，我国的航天事业也要发展。"

去伪存真

——坚持求真务实

【说成语】

去伪存真

释义 去：除掉；伪：虚假。除掉虚假的，留下真实的。

出处 唐·殷璠《河岳英灵集序》："实由主义恶华好朴，去伪从真，使海内词人，翕然尊古，有周风雅，再阐今日。"宋·释惟白《续传灯录》："权衡在手，明镜当台，可以摧邪辅正，可以去伪存真。"

摧邪辅正的韦陀菩萨

韦陀菩萨是佛的护法神（佛教中另外还有一位护法天神韦天将军，有的人把韦陀与韦天将军相混）。相传他姓韦名琨，是南方增长天王属下八大神将之一，位居32员神将之首（四大天王每人手下有八神将）。据说，在释迦佛入涅时，邪魔把佛的遗骨抢走，韦陀及时追赶，奋力夺回。因此佛教便把他作为驱除邪魔、保护佛法的天神。从宋代开始，中国寺庙中供奉韦陀，称为韦陀菩萨，常站在弥勒佛像背后，面向大雄宝殿，护持佛法，护助出家人。

韦陀菩萨像面如童子，表示对佛教怀有赤子之心；手持金刚降魔杵，表示有能力摧邪辅正、除魔卫道。韦陀塑像有三种形式，分别代表不同的含义：其一，韦陀双手合十，降魔杵横在胸前，这合十表示欢迎外来的僧人在这个寺院挂单常住，这是十方丛林寺庙标志之一；其二，手中的降魔杵是触地而立，降魔杵触地是暗示这个寺院资金、物资雄厚犹如大地，能够承受外来僧人在这个寺院挂单常住，也是十方丛林；其三、韦陀的降魔杵扛于肩上，表示此寺为子孙寺庙，不欢迎外来的僧人在这个寺院挂单常住。

【话管理】

管理要旨：去粗取精、去伪存真、由此及彼、由表及里

除掉虚假的，留下真实的，就叫做“去伪存真”。宋人释惟白在《续传灯录·褒禅傅禅师》中有言：“权衡在手，明镜当台，可以摧邪辅正，可以去伪存真。”那是讲佛祖至明、佛法无边，去伪存真可立地而至。果然置之于滚滚红尘、滔滔人事之间，总要受制于各种主观、客观因素，要切实做到去伪存真，绝不会是容易办到的。然而不管多么不容易，还是应当追求去伪存真的人事功效。

毛泽东在《实践论》中指出：“要完全地反映整个的事物，反映事物的本质，反映事物的内部规律性，就必须经过思考作用，将丰富的感觉材料加以去粗取精、去伪存真、由此及彼、由表及里的改造制作工夫，造成概念和理论的系统，就必须从感性认识跃进到理性认识。”“去粗取精、去伪存真、由此及彼、由表及里”是毛泽东提出的实现认识飞跃的基本逻辑方法。这个方法要求对感性材料中的粗与精、真与伪、此与彼、表与里，进行分析，剔除粗的和假的材料，筛选出典型的真实的材料，然后加以综合，认识矛盾的彼此双方，透过表面现象，抓住其内部本质和规律。

要真正做到去伪存真，就必须开展深入细致的调查研究。习近平指出，调查研究的过程，是领导干部提高认识能力、判断能力和工作能力的过程。经常走出领导机关，深入实际、深入基层、深入群众，进行各种形式和类型的调查研究，非常有益于促进领导干部正确认识客观世界、改造主观世界、转变工作作风、增进同人民群众的感情，有益于深切了解群众的需求、愿望和创造精神、实践经验。现在的交通通信手段越来越发达，获取信息的渠道越来越多，但都不能代替领导干部亲力亲为的调查研究。因为直接与基层干部群众接触，面对面地了解情况和商讨问题，对领导干部在认识上和感受上所起的作用和间接听汇报、看材料是不同的。通过深

入实际调查研究，把大量和零碎的材料经过去粗取精、去伪存真、由此及彼、由表及里的思考、分析、综合，加以系统化、条理化地梳理，透过纷繁复杂的现象抓住事物的本质，找出它的内在规律，由感性认识上升为理性认识，在此基础上作出正确的决策，这本身就是领导干部分析和解决问题本领的重要反映，也是领导干部思想理论水平和工作水平的重要反映。领导干部不论阅历多么丰富，不论从事哪一方面工作，都应始终坚持和不断加强调查研究。

管理案例：真假难辨的中国艺术品市场

2011 年 5 月，中国嘉德公司的春季拍卖会上，随着拍卖槌落下，齐白石作于 1946 年的水墨画《松柏高立图·篆书四言联》以创纪录的 6540 万美元成交。当年年底，中国终于赶超美国，成为全球最大的艺术品市场。

两年多过去了，这幅画依然静静地躺在北京的一个仓库里，因为这笔交易根本就没完成——由于不能确定画作的真伪，买家拒绝付款。这幅作品并非孤例，那场拍卖会中拍价第二、第三、第四、第六和第九位的作品同样没有完成交易；那场拍卖会也绝非孤例，如此高的违约率在中国各地的拍卖行里并不鲜见。

“中国市场的形势很不明朗，没有人会太把中国大陆的拍卖结果当回事。”亚洲艺术品专家、国际在线拍卖行的经营者亚历山大·察克（Alexander Zacke）说。事实上，《纽约时报》通过一项为期 6 个月的调查发现，近年来，中国艺术市场三分之一的拍卖营收事实上并不存在。

中国艺术品市场上充斥着批量制作的赝品，这早已不是秘密，可悲的是，它还沦为了滋生腐败的温床。在国际艺术品行业里，赝品不是什么新鲜事，但中国造假的情况尤其严重，跟许多其他行业一样，它发展过快，监管还跟不上。

很多年里，许多赝品在一个又一个收藏家手上流转，不但没有被发现，价格反而一路高升。不过，随着越来越多的丑闻被披露，市场的信誉开始受到质疑。2010 年，一幅据称是徐悲鸿作品的油画拍出超过 1000 万美元的高价，事后人们发现，它是某美术学院学生的课堂习作，作于徐悲鸿去世30年后。

前车之鉴

——前事不忘，后事之师

【说成语】

前车之鉴

释义 鉴：镜子，引申为借鉴、教训。前面车子翻倒的教训。比喻先前的失败，可以作为以后的教训。

出处 《荀子·成相》："前车已覆，后未知更何觉时。"汉·刘向《说苑·善说》："书曰：'前车覆，后车戒。'盖言其危。"

前车之覆，后车之鉴

贾谊是西汉杰出的政治家、文学家，从小就有"神童"之誉，18岁起就名满天下，受到了汉文帝的重用，担任梁王太傅一职。在任期内，贾谊专心著书立说，将毕生才华倾注于文章中，流传千古的政论文《治安策》便是他这一时期的杰作。在这篇文章中，贾谊分析了秦王朝奸臣当道、实施暴政、由盛而衰的惨痛教训，总结大概意思是："前车之覆，后车之鉴。秦朝的失败应该引起我们足够的警惕呀！否则，我们也会重犯秦朝的错误，那太危险了！”汉文帝看了《治安策》后，对贾谊十分赞赏，并且采纳了文中的一些建议。

【话管理】

管理要旨：以史为鉴，彰往察来

历史是前人的“百科全书”。习近平总书记指出：“历史、现实、未来是相通的。历史是过去的现实，现实是未来的历史。”中国古代哲人很早就提出“彰往而察来”（《周易·系辞下》）的思想，它反映了中国先民所具有的独特的历史精神。中国历史悠久且具有连续性，人们从朝代兴亡、制度得失、社会治乱、人才作用等方面，积累了丰富的经验教训，并逐渐认识到这些经验教训对于现实和未来的重要价值，从而培育起以史为鉴的理性精神。对于领导干部和管理者而言，就是要培养自身的历史思维能力。所谓历史思维能力，就是以史为鉴、知古鉴今，善于运用历史眼光认识发展规律、把握前进方向、指导现实工作的能力。

这种理性精神，本源于政治实践。早在西周初年，周公就善于运用以史为鉴的思想教育西周的贵族们，告诫他们不要贪图安逸，强调：“我不可不监于有夏，亦不可不监于有殷。”（《尚书·召诰》）值得注意的是，这个思想在当时的诗歌中也有所反映，即“殷鉴不远，有夏后之世。”（《诗经·大雅·荡》）可见其在当时有广泛的影响。春秋战国时期，政治家们从社会剧烈变动、政治权力不断再分配的历史中，总结出了一条带有普遍性的历史经验，即“前事之不忘，后事之师。”（《战国策·赵策一》）这一思想成为后人重视历史经验教训的座右铭。

把以史为鉴的思想提升到理性精神层面，是秦汉更迭这一重大历史变动对汉初政治家、思想家、史学家的启示。这主要表现在：

首先是刘邦受到陆贾“居马上得之，宁可以马上治之乎？且汤武逆取而以顺守之，文武并用，长久之术也”的批评和见识的启发，令陆贾总结

“秦所以失天下，吾所以得之者何，及古成败之国”的经验教训，著成《新语》一书。(《史记·郦生陆贾列传》）这是汉朝建立之初对历史经验教训的总结，它不仅与汉初政策制定有直接关系，而且对后世有深远的历史影响。

其次是贾谊的《过秦论》对秦朝兴亡历史经验教训的总结，与陆贾《新语》在理论上有相得益彰的作用。《过秦论》从秦孝公时秦国的兴起到秦二世秦朝灭亡，论其兴亡之故，提出：“秦离战国而王天下，其道不易，其政不改，是其所以取之守之者异也。”“是以君子为国，观之上古，验之当世，参以人事。察盛衰之理，审权势之宜，去就有序，变化有时，故旷日长久而社稷安矣。”（贾谊《过秦论》，见《史记·秦始皇本纪》）从陆贾提出的“逆取”“顺守”到贾谊概括的“攻守异势”等结论，把以史为鉴的思想上升到理论层面而成为一种理性精神。

最后是司马迁在《史记》巨著中，以史家之笔反映了这种理性精神，并进一步有所发挥和深化：一则明确地提出考察历史进程的变化，“稽其成败兴坏之理”。二则对以史为鉴提出了辩证的认识，认为：“居今之世，志古之道，所以自镜也，未必尽同。帝王者各殊礼而异务，要以成功为统纪，岂可绲乎？”（司马迁《史记·高祖功臣侯者年表》序）这是说，历史经验可以作为“自镜”，但又不可照搬。至此，自西周以来的以史为鉴思想，已成为一种理性精神，并影响了后来的历史发展。

管理案例：以史为鉴的毛泽东

据中央文献研究室逄先知、金冲及主编的《毛泽东传》记述，这一年(1976年6月)，毛泽东在他的住所召见华国锋等，又一次谈到自己一生中的两件大事。他说：“人生七十古来稀，我八十多了，人老总想后事，中国有句古话叫盖棺论定，我虽未盖棺也快了，总可以论定了吧！我一生干了两件事。一是与蒋介石斗了那么几十年，把他赶到那么几个海岛上去了。抗战八年，把日本人请回老家去了。打进北京，总算进了紫禁城。对这些事持异议的人不多，只有那么几个人，在我耳边叽叽喳喳，无非是让我及早收回那几个海岛罢了。另一件事你们都知道，就是发动文化大革命。这事拥护的人不多，反对的人不少。这两件事没有完，这笔遗产得交给下一代。怎么交？和平交不成就动荡中交，搞得不好，后代怎么办，就得‘血雨腥风’了。你们怎么办？只有天知道。”

这番话，充分表现出他晚年的复杂心态。他把“文化大革命”列为自己一生当中做的“两件大事”之一，可以看出“文化大革命”在他心中的分量是多么重。明知对这场“大革命”拥护的人不多，反对的人不少，而他自己的日子已经不多了，怎么交这个班？毛泽东不能不感到深深的忧虑和不安。

对毛泽东所说的两件事，历史的定评是：前一件事是探索中国新民主主义革命的道路，改变中国殖民地半殖民地社会的落后命运，取得了伟大的胜利，充分展现了一代伟人的雄才大略；后一件事却是严重的错误和巨大的失败，给党和国家造成了严重危害，其教训是十分沉痛而深远的。当然，任何人不能因此否定毛泽东对建立社会主义中国和社会主义建设道路的丰功伟绩和有益探索。

其实，毛泽东很注意吸取历史经验，他读了很多史书，每一个斗争阶段，他都比较历史上曾经的成亡兴衰，从而以史为鉴，避免重蹈覆辙。这里，仅举几个典型的例子。

在“第五次反围剿”时，毛泽东指挥了一场比现在的动画片《猫和老鼠》更精彩绝伦、更惊险刺激的战争大片，把一百多万国民党大军玩于股掌之间。其中最危险的一幕莫过于强渡大渡河、飞夺泸定桥，没有如蒋介石预期的成为“石达开第二”，而是成功甩掉百万追兵的大尾巴，完成了战略大转移。

在国共合作成立“抗日民族统一战线”时期，没有成为“梁山好汉第二”。当时，红军被整编为第八路军，毛泽东坚持了党对这些有限的“枪”的领导权，而且为了让这股革命的有生力量不被国民党利用而成为炮灰，他让部队到敌人的后方而不是国民党的后方去开展游击战，组织民兵和游击队，发展和壮大队伍，并在“持久战”理论的指导下有效地消灭敌人。这样既完成自己民族责任的历史使命，向全国人民表明了共产党人抗日救亡的决心，同时又避免了被国民政府所左右、蚕食和屠杀。而项英没能明白毛泽东的良苦用心，在“皖南事变”中就跌了跟头，可悲可叹！

在解放战争期间，毛泽东发出了“宜将剩勇追穷寇，不可沽名学霸王”的号召，没有做“楚霸王第二”。如果划江而治，天下又将怎样呢？历史不能假设，但蒋介石在逃离大陆之前，已经在总结自己失败的原因了，并嘱咐蒋经国到台湾之后实施。

历史不能重复，却有其惊人的相似之处，以史为鉴，这是伟人的伟大之处。那么，“文化大革命”又是哪一出历史呢？这不是简单的历史，是中国五千年的文化现象，也是夏朝至今的历史轮痕。历次朝代更替的经验教训给毛泽东留下了深刻的印象，他很早就在思考这个困扰世界几千年的大课题，怎样避免“朝代更迭”？怎样防止资本主义复辟？怎样防止党的干部腐化变质？怎样巩固无产阶级专政？毛主席不想做“李自成第二”，同时，他有更大的目标和期望。

失败是成功之母

——向失败教训学习

【说成语】

失败是成功之母

释义 母，先导。指善于从失败中吸取经验教训，才能成功。

出处 毛泽东《我们党的一些历史经验》：“失败是成功之母。失败如果没有好处，为什么是成功之母？”

伍子胥训练官兵打败仗

春秋末期，吴国大夫伍子胥练兵时，不是领着官兵打胜仗，而是训练他们如何应付败局。吴王对此有些不解。

伍子胥说：“知败者为知胜者之母，知胜者明胜之因，将立于不败之地。”用兵时，把可能失败的原因多想一下，做好应付局面的准备，仔细研究制胜的方略，再以必胜的信心，率三军出战，这样，不一定能够百战百胜，起码失败时不至于全军崩溃。

每次打仗前伍子胥预先部署如何撤退。有一次，他与楚国交战时，误中埋伏。他不慌不忙地率领部下按事先选定的路线及方案撤退，结果伤亡甚微。随后，他以逸待劳，乘楚军被胜利冲昏头脑之际，以精兵迅速攻入楚国，打了一个漂亮的胜仗。

【话管理】

管理要旨：经验就是人们给其所犯错误起的名字

一个民族、一个政党和一支军队的进步，有时恰恰是以过去的失误为借鉴。恩格斯曾说过：“没有哪一次巨大的历史灾难，不是以历史的进步为补偿的。”“伟大的阶级，正如伟大的民族一样，无论从哪方面学习都不如从自己所犯错误的后果中学习来得快。”毛泽东也有句名言：“错误和挫折教训了我们，使我们比较地聪明起来了。”邓小平亦曾说过：“历史上成功的经验是宝贵财富，错误的经验、失败的教训也是宝贵财富。”他还举例说，没有“文化大革命”的教训，就不可能制定十一届三中全会以来的思想、政治、组织路线和一系列政策。

古往今来的贤帅名将，无不注重研究自身以及他人失败的教训，从而将失败作为成功之母。研究美国最高军事学府的军事历史课程设置情况令人感叹，这个拥有世界上最强军事实力的国家反而较少研究过去成功的战例，而是很注重分析失利的教训。坦率地讲，美国军事研究人员正是通过研究越南战争没有打好的教训，才能在海湾战争中打得如此顺利。其实，在中国革命战争期间，中国共产党在党内和党外也非常注重发扬民主，特别注重检讨失利原因，并开展批评与自我批评，这是打一仗进一步的保证。毛泽东领导的“延安整风”，恰恰是发动全党深入检讨过去失败的教训和自身的缺点。党才领导人民取得了解放全中国的辉煌胜利。

智者奥斯卡·王尔德（1854～1900年）说过：“经验就是人们给他们所犯的错误起的名字。”历史上成功的经验是宝贵财富，挫折和失败的教训同样也是宝贵财富。西班牙哲学家乔治·桑塔亚那（1863～1952年）指出：“那些不能记住过去的人必定会重蹈覆辙。”有人说，经验是你现在拥有，但当初最需要的时候却没有的东西。经验不可能使人避免新错误，但却可以提醒人们不要重复以往的错误。在战争年代，毛泽东高超的指挥艺术得以形成，同样是经历了挫折和教训。1956年9月，毛泽东在党的八大二次预备会上说过：“我是犯过错误的。比如打仗，高兴圩打了败仗，是我指挥的；南雄打了败仗，是我指挥的；长征时候土城战役是我指挥的，茅台那次打仗也是我指挥的。在井冈山的时候我提出的那个土地法很蹩脚，不是一个彻底的土地纲领。肃反时我犯了错误，第一次肃反肃错了人。”毛泽东高于他人之处，不在于没有错误和失利，而在于能在失利后及时总结经验，避免再犯同样的错误。对此陈毅曾感慨地说：“毛泽东伟大之处，就在于他不二过。”

综观历史，那些出类拔萃的伟人之所以会取得成功，正是因为他们能正确对待失败，从失败中获取教益，从而踢开失败这块绊脚石，踏上成功的大道。例如，伟大的发明家爱迪生，一生的成功不计其数，一生的失败更是不计其数。他曾为一项发明经历了八千次失败的实验，他却并不以为这是个浪费，而是说：“我为什么要沮丧呢？这八千次失败至少使我明白了这八千个实验是行不通的。”这就是爱迪生对待失败的态度。他每每从失败中吸取教训，总结经验，从而取得一项项建立在无数次失败基础之上的发明成果。失败固然会给人带来痛苦，但也能使人有所收获；它既向我们指出工作中的错误缺点，又启发我们逐步走向成功。失败既是针对成功的否定，又是成功的基础。

管理案例：成功亦可为失败之母

解放初期，历史学家周谷城先生与毛泽东主席谈到中国革命的艰苦历程时，毛泽东说“失败是成功之母”。周先生说“成功也是失败之母”。毛泽东问什么意思，周先生说：“成功者易于骄傲、腐败。”毛泽东沉吟了一下，周先生连忙说：“毛主席例外。”而毛泽东则说：“你讲得对！”毛泽东的沉吟和感慨，周谷城的直率和深刻，显示出他们的过人之处。多少人未曾败给清贫和困苦，却十分轻易地输给了得意和成功。这不能不使我们想到，越是上的快、上的高，就越需要执事恭敬，待人谦和，处事谨慎，存心正派。否则，是福是祸还真得打个大大的问号。

有的人在工作生活中遭遇失败或挫折就失去信心自暴自弃；而有些人会从中吸取教训正确面对现实，面对今后。有的人成功后就高傲自大，自以为是；而有的人会总结经验，不断进取。能够从失败中吸取教训，则“失败是成功之母”；不能从成功中总结经验，则也可能“成功是失败之母”。历史上李自成率领农民起义军攻占北京夺取政权后，被胜利冲昏了头脑，结果功败垂成；相反，新中国成立前夕，党中央机关从西柏坡动身前往北京，毛泽东说这是“进京赶考”，并提出“决不当李自成”，则是对胜利的清醒认识。成功后的鲜花和掌声、赞誉与吹捧，地位和境况的改变，是对一个人的最大考验。能不能正确看待进步，对自己有清醒认识，是决定自己能走多远的关键。因此，在记住“失败是成功之母”的同时，我们也要经常给自己提个醒，不要忘了成功也可能是“失败之母”，如此才会不断有新的进步。

事后诸葛亮

——善于总结吸收经验

【说成语】

事后诸葛亮

释义 比喻事后自称有先见之明的人。

出处 现代成语。

“马后炮”的来历及变化

“马后炮”是中国象棋术语。一方的马与对方的将处于同一直线或同一横线，中间隔一步，再用炮在马后将军，称为“马后炮”，是残局或中局阶段一种颇有力量的杀着。

古代的象棋当然和我们现在的象棋还不一样。但是，在古象棋中出现的马后炮，是很厉害的一招，它往往可以“将死”对方，正如现在象棋中的马后炮也常常是能致对方于死地的绝招一样。这样看来，马后炮原来的含义是积极的，根本不同于现在人们口头所说的马后炮的那种消极的含义。从积极的含义转为消极的含义，这个变化太大了。然而，这类事情却也是常有的，岂只马后炮而已哉。

【话管理】

管理要旨：懂得“复盘”之变“马后炮”为“经验炮”

“事后诸葛亮”，一般用来比喻事后自称有先见之明的人。谑语，讽刺那些自作聪明放马后炮的人。诸葛亮是未卜先知，他们是过后方知，所以称为事后诸葛亮。

中国有一句话，“早知今日，何必当初”。这包含了不少国人的一个基本价值理念——从结果看当初，因失败而后悔。很多时候，他们喜欢事后算账，喜欢在结果出来之后，向前逆推，这种思维习惯，国人称之为“事后诸葛亮”或“马后炮”。“马后炮”思维的主要特征是：从不良结果向前逆推，寻找出现这一结果的原因，并且因为当初自己作出这样的选择而后悔。然而，如果没有出现不良结果，他们往往不会去逆推当初的选择是否正确，这是其极端功利性的表现。然而，就算逆推出来，发现最初自己作出的某种选择是不对的，又有什么用处呢？倘若不是为了吸取教训免蹈覆辙，而是抱住这个导致不良后果的原因不放，自怨自艾，后悔不已，则毫无益处。

因此，在现实生活和工作中，我们对于“事后诸葛亮”，一方面，既要反对那种事先不思考、不发表意见，事后高谈阔论、指责他人、归责于外的伪君子，另一方面，也完全可以反其意而用之，努力变“马后炮”为“经验炮”。那就是在组织实施每一件事情、每一项工作的过程、阶段及结果中，注意及时总结经验、吸取教训，适时调整工作部署或有效指导后面工作。最忌讳的就是每一件事情、每一项工作刚一做完，就冠冕堂皇、空话连篇地草草总结，装入档案了事，经验未得提升、教训讳莫如深，下一次仍然我行我素、重蹈覆辙，等于是“黑瞎子掰棒子，掰一个丢一个”。

“复盘”是棋类术语，也称“复局”，就是对弈结束后，复演该盘棋的过程，以检查招法的优劣和得失。一个人要成为棋坛高手，往往都运用这一学习方法。它不仅能加深对每盘棋的印象，而且可以找出双方攻守的漏洞，减少今后博弈失误，提升博弈水平和获胜率。

这种复盘的学习方法，也适合我们平时的工作。许多日常工作都不是一次性的，有的需要经常做、反复做，循环进行。当我们初次涉及这些工作，对该工作还不够娴熟时，就不妨借鉴棋类学习过程中的复盘，掌握该项工作的关键。著名企业家、联想集团总裁柳传志就把“复盘”延伸到公司工作中。他说，这是联想人提高工作能力的重要方式和路径。即做一件事情，不论失败或成功，都重新演练一遍；大到战略，小到具体问题，原来目标是什么，当时怎么做的，边界条件是什么，做完了回过头再看，做得正确不正确，边界条件是否有变化，甚至重新演练一遍。这是提高自己非常重要的方法。

懂得复盘，就是懂得增智、懂得长进。但有的人做事，做过即过，想不到或不愿意复盘，这是十分可惜的。其原因可能是有的人看不到复盘的价值，不善于利用从事过的工作资源。但最根本的原因，恐怕还是缺乏对做好工作更高层次的追求。一个追求好成绩的学生，总是要把做错了的作业重做一遍，就是做对了的难题，也会重温一遍以加深印象。一个在本职工作上有所作为的人，同样也会把做过的每一项工作经历当作资源，以严肃认真的态度从中获得经验和教训，不断提高自己、完善自己。

管理案例：战后总结之美军转型的“指路标”

总结昨天的战争，指导今天的建设，设计明天的战场，是美军建军作战的一条主线。2011 年 10 月，新官上任的美军参联会主席马丁·登普西第一把“火”就烧到了总结战争经验教训领域，明确要求美军“确保从十年战争中吸取经验教训”。

——从惯例到机制化

战后总结是美军的传统做法。二战期间的马耳他战役致使德国空降兵一蹶不振，但美军高层在总结战争经验教训时却独具慧眼，看到了空降兵的巨大潜力，这才有了第 82 空降师和第 101 空中突击师日后的辉煌。此后的朝鲜战争、越南战争，美军也都进行总结，但这种总结主要在美军高层开展，没有固定的流程加以规范。

越战后，美军引入行动后评估（AAR）的做法，这一度遭到一线作战人员的抵制。直到海湾战争，行动后评估的做法被证明切实有效。1994年美军出兵海地，行动后评估贯穿于美军行动的始终。科索沃战争时，行动后评估已成为美军的一项标准作战程序。2001年阿富汗战争以来，美军担负总结经验教训任务的机构不断增加，方法手段更加科学。如今，战后总结不仅已经机制化，更成为美军军事文化的一部分。

——制定总结经验流程

海湾战争以来，美军不断完善总结经验教训的流程，并在科索沃战争前后形成了由“收集－分析－分发”三部分组成的联合经验教训总结“三步法”。2012年，作为总结十年战争经验教训的一部分，美军又推出了联合经验教训总结“四步法”。

第一步，发现线索，收集素材。派遣战场观察员，多渠道收集各类作战数据和资料，为分析评估准备原始素材。例如，伊拉克战争打响前两周，美军各大经验教训中心向伊拉克派遣了数百名各类专家收集作战数据，为战后总结打下基础。

第二步，确认信息可靠性，提炼经验教训。各军种、作战司令部和战斗支援机构下属经验教训中心对收集的作战信息进行评估、审查，确认信息的准确性和可靠性，经过分析总结出初步经验教训。

第三步，整合分类，提出解决办法。联合参谋部汇总、整合各军种、作战司令部和战斗支援机构下属经验教训中心上报的经验教训，并区分为“待解决的问题”和“可共享的做法”两类，然后分别通过学习研究过程和解决问题过程，总结最佳做法。

第四步，评估效果。各经验教训中心跟踪“用户”对经验教训的使用情况，评估经验教训的适用性和实用性，视情向部队推广。

——注重研究失败案例

直面问题、不怕揭丑是美军战后总结的一大特点。在美军军事理论研究领域，最热门的不是海湾战争、科索沃战争等所谓“完胜”的战争，而是越南战争、阿富汗战争和伊拉克战争等令美军“精疲力竭”的战争。过去40年中，美军从未停止对越战失败原因的总结，反复研究拥有绝对优势的美军为何会在越南陷入战争泥潭，并把越战失败研究作为军事院校的必修课。

海湾战争结束后，美军把主要精力放在总结教训、克服短板和发展理论上。在科索沃战争后的总结中，美军投入更多精力研究战略指导失误、精确制导武器失效、平民误炸事件等方面的原因。2012年6月公布的首份十年战争总结报告，详细列举了“理解环境不准”“战略指导失误”“跨机构协调不得力”等11条“罪状”，逐条分析原因，并提出解决办法。事实上，美军已经把失败研究作为一门专门的学科，甚至专门出版了《失败》杂志。

进入新世纪以来，美军总结、反思、创新、提高的发展思路日益清晰。随着美军步入战略转型期，战后总结成为美军转型重要的“指路标”。

摸着石头过河

——恰当应用“试错”法

【说成语】

摸着石头过河

释义　比喻办事谨慎，边干边摸索经验。

出处　来自民间歇后语。

美国：一个成功的故事，却是不断试错的历史

在《美国经济史》的作者路易斯·P. 凯恩看来，美国经济史的主题是一个巨型经济体如何从微不足道的起点成长发展而来。以数量来衡量，这段经济史算得上是“一个成功的故事”，它的结果是使现在的美国人拥有有史以来最高的生活水平。但事实上，美国在不断地试错，随后进行纠正，如此循环反复。若是没有了试错的机会，美国模式也就不复存在了。而这种试错的起源，应该追溯到其宗主国英国的第一拨美洲大陆的投资者。美国是当时殖民投资公司的一个产品，不幸的是，第一批对美国的投资者赔了钱。但更幸运的是，美国人不仅继承了这种试错的风格，更将投资的文化发扬光大。亚当·斯密说过："最少的管理便是最好的管理。"美联储历任掌门人都对此唯命是从。从现在来看，当初英国的那些绅士们所做的投资是人类历史上回报率最丰厚的一次。试问，能将对"上帝"的臆想变为现实的民族，会是平庸的民族吗？事实上，把无形的理念转化为形形色色可追溯、可量化的指标体系，这虽源自于荷兰，发迹于英国，却空前繁荣于美国本土。这也是美国成功的最关键因素。

美国的这种试错模式，在二战后的日本也得到了大力推广。只不过大家都喜欢把日本的模式称为"完善"模式。因为无论什么事，日本人总会把它做得比原先更好。从表面上看，这和美国的试错模式是相反的。但若是仔细想想，便可发现，日本人的成功是建立在美国人的试错基础之上的。而一旦日本人领先了美国人（在20世纪80年代末至90年代初的几年间，日本人取得了领先），日本的这种完善型经济也就是失去了基础。所以从这个角度来看，日本长达二十年的衰退也在情理之中了。

【话管理】

管理要旨："摸着石头过河"改革方法的来龙去脉

"摸着石头过河"这种"富有中国特色、符合中国国情的改革方法"究竟是如何提出来的呢？

"摸着石头过河"本来是一句民间俗语，指的是在没有前人经验、没有现成的桥和船的情况下，要想过河就必须以身试水、摸索前进。民间歇后语"摸着石头过河——稳稳当当"说的就是这个意思。在社会工作方法领域，"摸着石头过河"这句民间俗语的含义就是在实践经验不足的情况下，必须大胆试验、积极探索、摸清规律、稳步前进。

那么，究竟是谁将“摸着石头过河”这句话作为一种工作方法提出来的呢？从现在能够查阅到的资料来看，最早强调“摸着石头过河”方法的是作为第一代和第二代中央领导集体重要成员的陈云同志。陈云最早提出“摸着石头过河”这句话是在1950年4月7日，他在政务院第27次政务会议的发言中指出：“物价涨不好，跌亦对生产不好。要‘摸着石头过河’，稳当点为好。”

一年多之后的1951年7月20日，陈云在《做好工商联工作》一文中再次强调：“办法也应该稳妥，这叫‘摸着石头过河’。搞急了是要出毛病的。毛毛草草而发生错误和稳稳当当而慢一点相比较，我们宁可采取后者。尤其是处理全国经济问题，更须注意这点。”1961年3月4日，陈云在听取化工部关于化学肥料工业的汇报时强调指出：“一方面，试验研究要敢想敢说敢做；另一方面，具体做必须从实际出发，要摸着石头过河，要把试验研究同推广分别开来，推广必须是成熟的东西。”

改革开放以后，陈云作为党的第二代中央领导集体的重要成员，先后多次在讲述改革方法论的时候提到要“摸着石头过河”。例如，1980年12月16日，陈云在中央工作会议上发表了《经济形势与经验教训》的重要讲话。在这次讲话中，他从总结历史经验教训的角度，论述了改革开放应采取的原则和方法，指出：“我们要改革，但是步子要稳。因为我们的改革，问题复杂，不能要求过急。改革固然要靠一定的理论研究、经济统计和经济预测，更重要的还是要从试点着手，随时总结经验，也就是要‘摸着石头过河’。开始时步子要小，缓缓而行。”在12月25日的闭幕会上，邓小平明确表示完全同意陈云的讲话，他说：陈云同志的“这个讲话在一系列问题上正确地总结了我国31年来经济工作的经验教训，是我们今后长期的指导方针”。

1984年6月30日，陈云在中联部反映美国国务院经济研究中心顾问对我国财经工作提出两条意见的内部材料上批示：“有经验的外国人也是‘摸着石头过河’。所有外国资本家都是如此。凡属危险项目，他们不搞，宁吃利息。这是一个千真万确的道理。”在这里，陈云再一次强调了在改革开放中坚持“摸着石头过河”这一工作方法的重要性。

1988年5月12日，陈云在杭州同浙江省负责人谈话时指出：“做工作，不能只想快。慢一点，稳一点，少走弯路，走弯路的损失比慢一点的损失多。有人批评说‘摸着石头过河’不对，但没有讲出道理来。‘九溪十八涧’，总要摸着石头过，总要下河去试一试。‘摸着石头过河’，这话没有错。”这是我们见到的陈云最后一次谈对“摸着石头过河”的态度，这大概也是他唯一一次对那些误解甚至批评“摸着石头过河”方法的人的反批评。

从陈云关于“摸着石头过河”的一系列论述来看，这一思想并非像有的人认为的那样，是不要理论指导的所谓“胡乱摸索”，而是在高度重视理论研究和顶层设计前提下进行的大胆探索、大胆试验、尊重规律、稳步前进的科学方法。

作为我国改革开放总设计师的邓小平同志，对“摸着石头过河”改革方法是完全赞同的。在邓小平看来，中国特色社会主义建设是一项前无古人的事业，既不可能在马列主义本本上找到现成答案，也没有任何现成的实践经验可以照搬照抄，所以只能“摸着石头过河”。在改革开放之初，邓小平就提醒我们：“我们现在所干的事业是一项新事业，马克思没有讲过，我们前人没有做过，其他社会主义国家也没有干过。所以，没有现成的经验可学，我们只能在干中学，在实践中摸索。”他还指出：“我们现在做的事都是一个试验，对我们来说，都是新事物，所以要摸索前进。”他还指出：“改革开放胆子要大一些，敢于试验，不能像小脚女人一样。看准了的，就大胆地试，大胆地闯。农村改革如此，城市改革也应如此。”由此看来，邓小平的思路和陈云是完全一致的。正因为如此，人们把“摸着石头过河”也视为邓小平的一个重要思想，看作是第二代中央领导集体的重要思想。

管理案例：超越“摸着石头过河”

习近平总书记在十八届中共中央政治局第二次集体学习时也明确指

出："摸着石头过河，是富有中国特色、符合中国国情的改革方法。摸着石头过河就是摸规律，从实践中获得真知。摸着石头过河和加强顶层设计是辩证统一的。"

毋庸置疑，我国在改革初期，按"摸着石头过河"的思路考虑问题、突破疑难、循序渐进，有其合理性，也是当初实践所必需的一个逻辑支点。时至今日，在经济发展步入新常态条件下，改革已进入"深水区"和"攻坚期"，似已看不见"石头"了，面临的是漩涡、是险滩、是暗礁，唯有搭建"顶层设计"的"桥梁"，才能闯关过隘，抵达改革圆满成功的彼岸。因此，党的十八届三中全会通过的《中共中央关于全面深化改革若干重大问题的决定》，在讲到我国改革开放的成功实践为全面深化改革提供了重要经验时均强调，必须"加强顶层设计和摸着石头过河相结合"。

党的十八届三中全会和习近平总书记反复强调在全面深化改革过程中，要正确处理好"摸着石头过河"与"加强顶层设计"的辩证关系，在改革实践中把二者有机结合起来，其目的就是进一步要求人们不仅要注重加强对全面深化改革的顶层设计，而且还要继续"摸着石头过河"，通过不断摸索规律，在实践中获得真知，更加积极稳妥地把改革开放不断推向前进。这是对"摸着石头过河"改革方法的理性超越和辩证提升。

温故知新

——历史的经验值得汲取

【说成语】

温故知新

释义　温：复习。故：旧。温习学过的知识，可以获得新的理解和体会。现也常指吸取历史经验，从而更好地认识现在。

出处　《论语·为政》:“温故而知新，可以为师矣。”汉·班固《东都赋》:“温故知新已难，而知德者鲜矣。”

温故而知新，可以为师矣

在《论语·为政》中，孔子曰:“温故而知新，可以为师矣。”意思是:在温习旧知识时，能有新体会、新发现，就可以当老师了。

对于孔子的“温故而知新”，朱熹的解释长期以来被看作是经典。他说:“故者，旧所闻。新者，今所得。言学能时习旧闻，而每有新得，则所学在我，而其应不穷，故可以为人师。若夫记问之学，则无得于心，而所知有限，故学记讥其‘不足以为人师’，正与此意互相发也。”这里将“温故而知新”视为一个承接句，着眼于教育学的解读，把“温故而知新”视为为师的重要条件。也有人将“温故而知新”视为并列句，是说温习探索旧的史实，并且知道新近发生的事情。我们还可以延伸出一层意义，即鉴往而知来，借鉴过去的历史经验教训，并由此预测未来，调整对策。

【话管理】

管理要旨：历史学的管理价值

正如上文所述，温故知新包括从历史学中汲取管理智慧。历史学是一门包罗万象且变化不断的科学。虽然历史学研究的对象众多，内容庞杂，但其主要研究的是大问题，是与国家、民族和社会发展有密切关系的大问题。可以说，历史学是治国安邦的必修课程。

历史学的管理价值主要体现在以下几个方面：

第一，历史学是一门揭示历史发展规律的学问。马克思和恩格斯在《德意志意识形态》里说：“我们仅仅知道一门唯一的科学，即历史科学。”恩格斯说：“历史就是我们的一切。”马克·吐温说：“历史不会重复自己，但它重复自己的规律。”可见，历史学的崇高地位非同一般。历史学对人类社会历史发展规律的深刻揭示，塑造着人类的思维方式，为了解社会问题奠定了科学的分析基础，为制定社会政策提供了理论依据，为执行政策规定了行为准则。把握这一规律可以帮助管理决策者更好地科学决策；帮助民众更自觉、更积极地参与现实的社会建设。

第二，历史学是人们认识历史真实的重要条件。众所周知，历史中蕴涵着普遍真理，但这些真理只有通过研究历史才能揭示。人们通过历史科学能够总结出历史的经验与教训，使历史能为现实所鉴，为社会服务。所谓“前车之覆，后车之鉴”“以史为鉴”“以史为镜，可以知兴替”等，都是先人们从实践中得出来的经验，是历代管理者治国经验的高度总结。应该说，客观的历史不可能重演，但在科学基础上总结出来的经验教训可以复制，可以传授。其一旦为管理者掌握，就能发挥无穷的作用。事实上，没有人能够离开历史去构建未来，就像没有人能扯着自己的头发离开地球一样。

第三，历史学是管理之基础。历史学研究的对象是人与社会，起研究的主题是人类本身及其行为的演进历程及规律。管理说到底也是对人与社会的管理。因此，从历史科学的角度对人类历代思想规律、管理智慧及管理经验进行系统研究，是历史学和管理学的共同使命和责任。同样，优秀的管理者应该学会从历史的视角思考问题，承担历史的责任。

第四，管理的主体是人，提高人的精神创造力是管理者的重要责任。而历史学正好也以人类的活动为特定对象，能够给管理者提供生动的事例、丰富的精神食粮。这种精神食粮对管理者有教育功能，对被管理者也有示范之效，给人信心，催人奋进。充分利用历史学的育人功能，培养民众的自觉与自律意识本身就是管理的核心内涵，是管理者增强凝聚力、降低管理成本的重要途径。国内外许多著名企业自身的历史研究、展览与传播，警察组织的警察史与警察博物馆建设等，都已经成为其组织文化建设与传播的一项重要内容。

管理案例：知识比财富重要

犹太人特别重视金钱，但他们认为知识比财富重要。一次，很多大富翁乘一艘大船出海旅游，酒足饭饱之后他们各自吹嘘自己如何富有，一个比一个说得玄乎。一位读书人在一边听他们争论却默不作声。一位富翁问那个读书人："年轻人，你有什么财富？快对大家说说！"读书人微笑着说："我比你们都富有，只是我无法拿给你们看……"富翁们以为他不过是一个穷光蛋自吹而已。几天后，他们遇到了一伙海盗，富翁们随身携带的金银财宝被洗劫一空，富翁们懊恼极了。大船往前驶抵一个港口后，实在没有资金再向前航行了。富翁们上岸后，困窘得只好靠给人打工填饱肚子；可读书人很快就被聘到学校去教书，生活自然比富翁们好多了。几年后，读书人有了一定的积蓄又娶了漂亮的妻子；而当年自吹自擂的几位富翁，却沦为了真正的穷光蛋。他们若有所悟地对读书人说："小伙子，你这才是真正的财富，把知识藏在肚子里，什么时候用都有，也不会遭到海盗的抢劫……"犹太人用这个故事意在告诉人们，知识比财富更重要。

他山之石　可以攻玉

——古为今用，洋为中用

【说成语】

他山之石，可以攻玉

释义　攻：治理，琢磨。别的山上的石头，可以用来琢磨玉器。比喻可用异国的贤才作为本国的辅佐。也比喻借助外力克服自己的弱点或弥补不足。

出处　《诗经·小雅·鹤鸣》："他山之石，可以攻玉。"

狐假虎威

《战国策·楚策一》里有一则寓言故事曰："虎求百兽而食之，得狐。……虎以为然，故遂与之行。兽见之皆走，虎不知兽畏己而走也，以为畏狐也。"意思是，老虎寻找各种野兽吃掉他们，抓到一只狐狸。狐狸说："您不敢吃我！上帝派遣我来做各种野兽的首领，现在你吃掉我，是违背上帝的命令。你如果认为我的话不诚实，我在你前面行走，你跟随在我后面，看各种野兽看见我有敢不逃跑的吗？"老虎认为狐狸的话是有道理的，所以就和它一起走。野兽看见它们果然都逃跑了。可老虎不知道野兽是害怕自己而逃跑的，而认为它们是害怕狐狸。成语"狐假虎威"由此产生。假：借。指狐狸假借老虎的威势。比喻依仗别人的势力欺压人。这种诡计与常说的"挟天子以令诸侯""借刀杀人"很接近，而从谋略上讲，善于借助外力达到战胜对手的目的，不失为一种高明的智慧。

【话管理】

管理要旨："古为今用，洋为中用"的文艺方针

"古为今用"指弘扬古代的精粹，为今天所用；"洋为中用"指批判地吸收外国文化中一切有益的东西，为我所用。在 1942 年 5 月召开的延安文艺座谈会上，毛泽东从文化的"源"和"流"的角度阐明了"古为今用，洋为中用"的思想。1964 年 9 月 1 日，中央音乐学院音乐学系学生陈莲给毛泽东写了一封信，反映该院教学和演出中存在的一些问题。毛泽东作了批示，肯定此信，指示解决她所提出的问题。就在这个批示中，毛泽东提出了"古为今用，洋为中用"的文艺方针。

就"古为今用"来说。毛泽东认为，对古代流传下来的传统文化不能采取"拿来主义"的态度，而应该批判地继承，"学习我们的历史遗产，要用马克思主义的方法加以批判的总结"，为此，他提出了对中国古代文

化进行清理的任务。他认为，“清理古代文化的发展过程，剔除其封建性的糟粕，吸收其民主性的精华，是发展民族新文化提高民族自信心的必要条件”。毛泽东指出，中国有些人“崇拜旧的过时的思想，这些思想对于我们今天的中国不仅不适用而且有害。这样的东西必须抛弃”。我们必须尊重历史，“但是这种尊重，是给历史以一定的科学的地位，是尊重历史的辩证法的发展，而不是颂古非今，不是赞扬任何封建的毒素。对于人民群众和青年学生，主要地不是要引导他们向后看，而是要引导他们向前看”。

就“洋为中用”来说。毛泽东认为，文化发展应该“海纳百川”，面向世界，积极学习和汲取世界各国文化的优秀成分为我所用。他指出：“要多多吸收外国的新鲜东西，不但要吸收他们的进步道理，而且要吸收他们的新鲜用语。”针对中西文化的差异，毛泽东指出：“我们的方针是，一切民族、一切国家的长处都要学，政治、经济、科学、技术、文学、艺术的一切真正好的东西都要学。”当然，我们学习外国文化不能简单奉行“拿来主义”，而是必须坚持马克思主义的唯物辩证法。毛泽东指出：“对于外国文化，排外主义的方针是错误的，应当尽量吸收进步的外国文化，以为发展中国新文化提供借鉴；盲目搬用方针也是错误的，应当以中国人民的实际需要为基础，批判地吸收外国文化。”

总之，毛泽东“古为今用，洋为中用”的思想，不仅内在地要求继承传统文化，学习借鉴国外文化，而且要求对中国传统文化的继承和对外国文化的学习借鉴必须结合起来，既要汲取积极合理成分，也要摒弃和抵制消极落后的因素。这是毛泽东“古为今用，洋为中用”思想的重要内涵和重要指向，也是毛泽东文化思想的杰出之处。

管理案例：中国企业翻新管理技巧

2013 年 7 月 8 日，英国《金融时报》发表题为《被中国翻新的管理技巧》的文章，称：华为新的手机器材制造中心 2016 年于东莞松山湖开业时，它将包含一座以波兰前皇家宫殿瓦维尔城堡为蓝本的建筑。当时，这座城堡的建造计划胜过以凡尔赛宫、格拉纳达的阿尔罕布拉宫等为蓝本的计划。为进军21世纪全球手机市场，一个快速增长的通信集团从一座16世纪的城堡汲取灵感，这听起来并没有那么怪异。

从20世纪80年代起，华为、海尔和其他增长迅速且颇有抱负的跨国企业，就一直在学习最佳经营方法，赋予其中国元素，并用这种方法与发明它的国际公司展开竞争。中国企业正使用源自欧美日的管理模式，并提出了中国能否发展出自己的管理风格的问题。

现代管理学大师彼得·德鲁克认为，中国能够，也将会做到这一点。中资企业或许倾向于命令和控制式管理，但某些高管正尽力运用中国传统。某矿山机械公司正使用佛教、道教和儒家思想，向员工逐步灌输相互尊重、承担社会责任的观念。

其他公司也已建立起不同寻常的架构。华为正在试验“轮值CEO”制度。海尔则是一个由真正的自主经营体构成的网络，各经营体为开展新项目的权力“竞标”，如开发新的三门冰箱等。这或许是世界上最大的自我管理团队网络，也是中国大公司中最具创新意义的管理手段。

但华为和海尔的成功并非在于提出有趣的管理理念，而在于它们正是现有管理技巧精明且专心的学生。20世纪90年代，华为就将收入的3%用于咨询服务，获取这些咨询公司与其他客户合作积累起来的智慧。学到所需之后，华为就摆脱大多数咨询顾问并设定自己的战略路线。

海尔创始人张瑞敏热衷于阅读商业文献。瑞士洛桑国际管理学院教授费舍尔表示，海尔公司“极度好奇”，正追求“通过累积进行变革”。即便是海尔的自主经营体也能追溯至中国企业曾采用的日本质量管理体系。

中国尚未产生伟大的管理理念至关重要吗？其实并非如此。华为和海尔都擅长学习和利用已被国际竞争对手在市场中验证过的技巧。它们通常能更迅速和更积极地贯彻此类精神，并在必要时摒弃不良方面。

不学无术

——克服“本领恐慌”

【说成语】

不学无术

释义 学：学识，学问。术：技术，智术，技能。原指没有学问因而没有办法。后指没有学问，没有本领。

出处 东汉·班固《汉书·霍光传》：“然光不学亡术，暗于大理。”

不学无术，暗于大理

汉武帝时，大将军霍光是朝廷举足轻重的大臣，深得武帝信任。武帝临死前，把幼子刘弗陵（昭帝）托付给霍光辅佐。昭帝去世后，霍光又立刘询做皇帝（宣帝）。霍光掌握朝政大权四十多年，为西汉王朝立下了不小的功勋。

刘询继承皇位以后，立许妃做皇后。霍光的妻子霍显，是个贪图富贵的女人，她想把自己的小女儿成君嫁给刘询做皇后，就趁许娘娘有病的机会，买通女医下毒害死了许后。毒计败露，女医下狱。此事霍光事先一点也不知道，等事情出来了，霍显才告诉他。霍光非常惊惧，指责妻子不该办这种事情。他也想去告发，但又不忍心妻子被治罪，前思后想，还是把这件伤天害理的事情隐瞒了下来。霍光死后，有人向宣帝告发此案，宣帝派人去调查处理。霍光的妻子听说了，与家人、亲信商量对策，决定召集族人策划谋反，不想走漏了风声，宣帝派兵将霍家包围，满门抄斩。

东汉史学家班固在《汉书·霍光传》中评论霍光的功过，说他“不学无术，暗于大理”，意思是，霍光不读书，没学识，因而不明关乎大局的道理。

【话管理】

管理要旨：把学习当作一种生活方式

学习能力是一个人最基本、最重要的能力。学习的进步是一切进步的先导；学习的落后是一切落后的根源。读书的好处很多，如可以获取信息、增长知识、开阔视野，可以陶冶性情、培养和提升思维能力，等等。一个干部的成长进步与坚持不懈的读书学习有很大关系。

七十多年前，毛泽东在延安窑洞指出：“我们队伍里边有一种恐慌，不是经济恐慌，也不是政治恐慌，而是本领恐慌。过去学的本领只有一点点，今天用一些，明天用一些，渐渐告罄了……学习本领，这是我们许多干部所迫切需要的。”今天的干部队伍同样存在着本领恐慌问题。习近平曾指出：“领导干部如果不加强读书学习，知识就会老化，思想就会僵化，能力就会退化，就难做好领导工作，就会贻误党和人民的事业。爱学习、勤读书，通过读书学习来增长知识、增加智慧、增强本领，这是新形势下做一名称职的领导干部、胜任地履行领导职责的内在要求和必经之路。”

什么是读书人？民国时期杨玉清先生在《论读书》一文中写道：“以读书混文凭的人，不是读书人；以读书混官做的人，不是读书人；以读书为时髦、为装饰品的人，更不是读书人。”他在文中用了一个“混”字，指出某些人读书不纯的动机。凡是会读书的人，他们深知读书是一种心灵活动，必须营造一种恬适娴静的心境，唯有此时才进入到浩瀚的书的世界。他们通过读书，以达到开茅塞、除陋习、得新知、长见识、养灵性、增智慧的目的。

当今时代是一个知识爆炸、信息井喷的时代。面对经济社会快速发展、科学技术日新月异的局面，勤于学习，善于掌握新知识、增加新本领，才是事业成功的关键。凭着“知识不多有本本，水平不高有经验”的方式想问题、干工作、办事情是行不通的。因此，要把读书学习当成一种持续性、战略性的能力素质培养途径，以一种时不我待的精神对待读书学习，树立“工作学习化”“生活学习化”的理念，少一些应酬，多花心思钻研业务，少一些闲谈，多抽时间汲取知识，这样才能克服和消除“知识透支”“本领恐慌”等现象。

罗曼·罗兰说：“成年人慢慢被时代淘汰的最大原因，不是年龄的增长，而是学习热忱的减退。”衡量一个人的发展空间，不是看他眼前职位高低，收入多少，而是看他是否随时在坚持学习。一离开学校就停止看书学习的人，不会有远大的未来。人只有不断看书学习，不断吸纳新知识、新思想、新观念，才能与时俱进。一位诗人说得好：“每个人都有一位永远不变的朋友，一笔永不消逝的财富，一眼永不枯竭的清泉，一支永不熄灭的火炬，那就是书。”纷纷扰扰的现代社会，关注心灵成长的人们，坚持看书学习吧，用那些有灵魂的文字来充实精神家园，强大精神力量，用那些汇聚人类文化精华的书籍烛照心灵，抚慰沉淀我们浮躁的情绪，提升我们的生活品位。

管理案例：刮目相看

“刮目相看”初作“刮目相待”，意思是去掉旧的看法，改用新的眼光看待。始见于《三国志·吴志·吕蒙传》裴松之注。裴松引《江表传》：“（鲁）肃拊蒙背曰：‘吾谓大弟但有武略耳。至于今者，学识英博，非复吴下阿蒙。’蒙曰：‘士别三日，即更刮目相待。’”

据说，吕蒙初不习文，孙权开导他说：“你现在身居要职，掌管国事，不读书怎么行呢？”吕蒙推托说：“军中那么多事务，哪有时间读书。”孙权批评他说：“我难道要你去钻研经书做博士吗？只不过是要你多浏览些书，了解历史往事，增加见识罢了。你说你忙，能有我忙吗？我从年轻到现在还天天读书呢。”后来，吕蒙开始读书，他看过书籍的量，连那些老儒生也赶不上。鲁肃继周瑜掌管吴军后，上任途中路过吕蒙驻地，吕蒙摆酒款待他。鲁肃还以老眼光看人，觉得吕蒙有勇无谋，但在酒宴上两人纵论天下事时，吕蒙不乏真知灼见，使鲁肃很受震惊。酒宴过后，鲁肃感叹道：“我一向认为老弟只有武略，时至今日，老弟学识出众，确非吴下阿蒙了。”吕蒙道：“读书人分别多天，就应该用新的眼光来看待他，老兄你为什么这么晚才明白这一道理呢！”于是鲁肃拜见吕蒙的母亲，和吕蒙结为朋友后才分别。

学无止境

——干到老，学到老

【说成语】

学无止境

释义 指学习知识是没有尽头的。用于激励人们要勤于学业，奋进不息。

出处 清·刘开《问说》：“理无专在，而学无止境也，然则问可少耶？”

师旷论学

西汉刘向的《说苑》中有一则故事，说春秋时期，晋国有个乐师叫师旷，眼睛失明，但弹一手好琴，精于辨音。有一天，晋平公问师旷，我已经70岁了，还想学习，恐怕已晚了，先生你看呢？师旷没有正面回答，而是接过晋平公的“暮”字说道：“暮何不秉烛乎？”晋平公有些不解，怔怔地望着师旷。师旷便进一步解释说：“臣闻之，少而好学，如日出之阳；壮而好学，如日中之光；老而好学，如秉烛之明。秉烛之明，孰与昧行乎?”晋平公听了，恍然大悟，高兴不已，从此开始了晚年的求学路。

师旷劝国君秉烛而学，并形象地将人生的三个阶段，即少年、壮年、老年的学习分别喻为旭日东升、烈日当空和蜡烛之光。这三个比喻里就蕴含着一种蓬勃向上的精神，尤其是烛光精神对人们的启迪更大。可见终身学习的理念古已有之，并非今人独创。学习是贯穿人一生的活动，是积极人生的一种表现形式，“少壮”要努力，“老大”不伤悲，要活到老学到老。随着科技发展，社会进步，新知识、新概念、新技术层出不穷，谁不学习谁就会跟不上时代步伐，成为落伍者，终被社会所淘汰。

【话管理】

管理要旨：学习四戒

关于学习态度，毛泽东有句名言：“学习的敌人是自己的满足，要认真学习一点东西，必须从不自满开始。”联系我们今天的学习，这句名言具有很强的现实指导意义。“自己的满足”之所以成为学习的敌人，是因为它反映了一种盲目骄傲、不求进取的不良学风，会使人降低学习热情、失去学习动力。学习上的自满，原因和表现形式不同，克服的办法也就不一样。克服学习上的自满需要做到“四戒”。

一戒学而不恒。有人认为，自己取得了学士、硕士甚至博士学位，又经过多年实践锻炼，掌握的知识已经够用，没有必要继续埋头苦读了。于是乎，读书少了，应酬多了；思考少了，娱乐多了；思想少了，“官念”多了。克服这种学而不恒的自满情绪，须树立新理念、开阔新视野。当今时代，社会快速发展，科技突飞猛进，信息不断更新，人们所掌握知识的“保质期”越来越短，昨天的人才不能保证就是今天的人才，昔日的经验不能保证能解决今日的问题，现在的知识也不能保证会适用于将来。在这种形势下，如果不克服自满情绪，不持之以恒地开展学习，势必造成知识快速老化、思想逐步僵化、能力不断退化。只有活到老、学到老、提高到老，才能不断适应新形势、完成新任务。

二戒学而不深。所谓学而不深，在学习态度上表现为心浮气躁，在学习程度上表现为浅尝辄止，在学习效果上表现为满足一知半解。书读百遍，其义自见。要深入学，就是要坐得下来，沉得下去，克服浮躁。只有端正学习目的和动机，自觉学懂学透，认真思考，举一反三，在悉心钻研中把观点搞清楚，把原理弄明白，做到学有所得、学有所成。

三戒学而不化。在学习中，有些人患有“消化不良”症，即知道一些名词、概念、范畴，知其然而不知其所以然；只会提几句本本上写的原则要求，却不能运用其中的方法去分析认识问题。学习不仅仅是获得原料的“食粮”，更要咀嚼、消化吸收其中的营养。学而不化，即使学得的再多也无益，甚至还会因为曲解其义而误导工作、贻误事业。只有常思考、常总结、常积累，学习才能常有收获、思想才能常有进步、工作才能常有创新。

四戒学而不用。学习的目的是实践、运用，只学不用，就会陷入“本本主义”。有人谈学习、讲工作、提要求能说出一大套，但只满足于学在本上、讲在嘴上、写在纸上，不注重用理论指导实践，解决问题。克服这种学而不用的现象，需要牢固树立实践标准。是不是真学、善学，关键在于能不能用理论解决问题，标准在于解决了多少问题，取得了多少成效。因此，要把学与用有机结合起来，做到学以致用、学以求真、学以资政、学用相长。

管理案例：胡适的毕业赠言

胡适深具教育情怀，他曾多次将反映了其人生哲学的赠言献给大学毕业生。这些赠言至今仍值得重温。

早在 1911 年，胡适留学美国时，针对友人来信中“明岁可毕业，但境遇逼人”以及将以卒业自吊的话，提出：“欧美学校谓卒业之日为 Commencement Day，译言肇始之日也。”“卒业之学生或另入他种更高等学校，或辍学执业谋生养家，其实皆新事业肇始之时也。”因此，大学生毕业后，可喜可贺，无须伤感！倘能“持己以诚，卑以接物，虚怀而受，放眼以观”，则处处可以“问学”，谋得进步。

这种毕业后仍须“问学”的思想，贯穿了胡适一生。1929 年，胡适以校长身份作中国公学十八级毕业赠言，主旨就是“不要抛弃学问”。其理由：一是毕业后可不受功课约束，“依自己的心愿去自由研究”；二是“年富力强”；三是“即为吃饭计，学问绝不会辜负人”；四是“吃饭而不求学问”，几年后，“要被后进少年淘汰”。针对有人忧虑研究条件不够，胡适认为，“你有了决心要研究一个问题，自然会撙衣节食去买书，自然会想出法子来设置仪器。”至于时间，他更举出达尔文一生多病，却做出重要成绩的事例。文章最后，胡适告诫诸生：“易卜生说，‘你的最大责任是把你自己这块材料铸造成器。’学问便是铸器的工具。抛弃了学问便是毁了你自己。”

平易，诚恳，不作浮泛的空论，胡适这篇赠言，在今日仍富于启示意义：一个人走上社会，倘无“求学问”的态度、研究的决心，不必说有什么大成就，就是自己的工作，也不会干好，也会被后来的青年抛在身后。

1932 年，胡适为北大毕业生讲演。考虑到大学生毕业后接触到社会的种种阴暗面，容易陷入“混日子”和“做了恶势力的俘虏”两种“堕落的危险”，他开出三种药方：一是“总得时时寻一两个值得研究的问题”；二是“总得多发展一点非职业的兴趣”；三是“你总得有一点信心”。

胡适认为，问题是知识学问的老祖宗，“第一要寻问题。脑子里没有问题之日，就是你的智识生活寿终正寝之时”！因此，人生中要有一两个问题盘桓脑中，时时钻研破解，人生自然不会堕落，自然会充实而有成就；再者，“一个人的前程往往全靠他怎样用他的闲暇时间”。因职业未必就是人们所学的，所喜欢的，所擅长的，所以，一个人发展其正当兴趣乃最好的救济方法，他业余所得的成绩往往比职业所得的还要大。胡适举了英国 19 世纪的两位哲人为例，一个是密尔，“终身做东印度公司的秘书，他的业余工作使他在哲学上、经济学上、政治思想史上都占得一席之位”；另一个是斯宾塞，他是测量工程师，“他的业余工作使他成为前世纪晚期世界思想界的一个重镇”。最后，做人总得有一点信心，人生艰难，创业不易，然而“功不唐捐”，“在你最悲观最失望的时候，那正是你必须鼓起坚强的信心的时候。”

20世纪30年代的中国，社会动荡，局势多变，年轻人内心充满了迷茫。胡适的演讲拨动了很多大学毕业生的心弦。有人不赞成，写信给胡适说：“我们毕业之后，就失业了！吃饭的问题不能解决，哪能谈到研究的问题？职业找不到，哪能谈到业余？求了十几年的学，到头来不能糊自己一张嘴，如何能有信心？所以你的三个药方都没有用处！”两年后，对于失望的大学毕业生，胡适贡献了第四个方子：“你得先自己反省：不可专责备别人，更不必责备社会。”有些毕业生应该想想，“为什么同样一张文凭，别人拿了有效，你拿了就无效呢？是仅仅因为别人有门路有援助而你没有呢？还是因为别人学到了本事而你没学到呢?”只有具备反省的精神，“方才有救援自己的希望”。

或许是认定他的前三个药方对于人生的绝大意义，1956年，胡适去台湾成功大学演讲时，将以上三个药方作了精粹提炼，曰“问题丹”“兴趣散”“信心汤”。对第四个药方，他未予命名，我们或可名之曰“反省贴”。

因材施教

——教育要有针对性

【说成语】

因材施教

释义 因：根据；材：资质；施：施加；教：教育。指针对学习的人的志趣、能力等具体情况进行不同的教育。

出处 《论语·庸也》：“子曰：‘中人以上，可以语上也；中人以下，不可以语上也。’”朱熹集注引张敬夫（栻）曰：“圣人之道，精粗虽无二致，但其施教，则必因其材而笃焉。”

北大的宽容

新东方教育科技集团董事长俞敏洪回忆在北大的学习经历时说，我的导师李赋宁教授，原来是北大英语系的主任，他给我们上《新概念英语》第四册的时候，每次都把板书写得非常工整，非常美丽。永远都是从黑板的左上角写起，等到下课铃响起的时候，刚好写到右下角结束。还记得我的《英国文学史》的老师罗经国教授，我在北大最后一年由于心情不好，导致考试不及格。我找到罗教授说：“这门课如果我不及格就毕不了业。”罗教授说：“我可以给你一个及格的分数，但是请你记住了，未来你一定要做出值得我给你这个分数的事业。”所以，北大老师的宽容、学识、奔放、自由，让我们真正能够成为北大的学生，真正能够得到北大的精神。

俞敏洪常常跟同学们说，如果我们的生命不为自己留下一些让自己热泪盈眶的日子，你的生命就是白过的。我们很多同学凭着优异的成绩进入了大学，但是大学绝不是学习的终点，而是起点。后面的路该怎么走，成了每一个同学都要思考的问题。

【话管理】

管理要旨：因材施教与个性发展

已故南非总统曼德拉说过：“教育是可以用来改变世界的最强有力的武器。”“一个受过教育的人不会遭受压迫，因为他具有独自思考的能力。”因此我们必须把全面发展和个性发展紧密结合起来，坚持全面发展和个性发展相辅相成。这是做好教育工作的真谛。世上没有两片完全相同的树叶，每个人的天赋潜质也各不相同。正视个体差异的客观存在，尊重个性，因材施教，是当代教育的基本理念。

现实情况是，在今天的教育界，压抑学生个性、磨平孩子“棱角”的现象普遍存在。多年来，我们的学校教育特别是德育有一种明显倾向：重视集体主义教育，忽视自我意识的培养；重视规章纪律对学生的约束，忽视个性心理的发展。而在基础教育领域，长期形成的“大一统”理念影响深远。统一大纲、统一教材、统一课程、统一要求、统一考试、统一录取等“一刀切”的教育体制下，教育者习惯用同一个教育目标、同一种教育标准培养和要求学生，习惯用相同的教育模式、相同的教育策略来实施教育教学计划，其结果是，忽视了学生的个性、潜能、兴趣、特长等个体差异，忽视了青少年认知发展的基本规律。

罗素曾说过：“富有才华的个人发展，需要有一个对他们来说几乎没有任何强求一致的压力的童年时代。”然而，在应试教育环境里，繁重的课业负担压弯了孩子的脊背，也挤压了他们个性发展的空间；分数和升学率成了教育质量的代名词，成为老师评价学生、学校评价老师、政府和社会评价学校的唯一标尺。“天天围着分数转，月月为了分数干，年年盯着分数线”，学生、老师、学校，为了分数这个共同的目标而奋战，哪有心思琢磨考试以外的“小事儿”？哪有精力考虑什么个性发展？

在考试和升学的沉重压力下，中国家长时常感到无助、无奈，时常纠结、焦虑，无意中也为应试教育推波助澜。北京市家教研究会针对部分中小学生家长的一项调查数据显示，压抑孩子的创造性已成为家庭教育中不容乐观的问题：当孩子把冰激凌放进热粥里吃时，竟有近40%的父母对孩子进行训斥，“批评他不听话，胡来”，甚至“绝对不允许”；当孩子想体验一下如何煎炸食品时，只有11.4%的父母允许孩子单独试一试，近10%的父母会让孩子“躲远点”或“回屋学习”。随着孩子年龄的增长，家长们越来越关注孩子的学习成绩，越来越忽视孩子的个性发展。

学生的创造力、想象力和个性发展，离不开自由宽松的学习环境。邹承鲁院士回忆在西南联大的求学时光时曾说：“那几年生活最美好的就是自由，无论干什么都凭着自己的兴趣……没有求知的自由，没有思想的自由，没有个性的发展，就没有个人的创造力。”在着力推进素质教育的今天，我们不应选择适合教育的学生，而应创造适合学生的教育，为学生发展个性、彰显本色提供更加广阔的空间。

管理案例：学生学习要做到“三会”

世界著名的肝胆外科学家、我国肝脏外科的主要创始人之一、2005年度国家最高科学技术奖获得者吴孟超，对学生的要求很严，规定他们必须有过硬的基本功，做到“三会”，这也是他的导师裘法祖教授教导他的。“三会”即：会做，判断准确，下刀果断，手术成功率高；会讲，博览群书，能够阐述理论，不是吹牛；会写，善于总结经验，著书立作。查房时，他经常逐字逐句地查看病例和《医嘱记录单》，对出现错误的学生既严肃批评，又指导帮助。他强调，我们当医生的，所做的一切都关系到病人的生命和健康，一点儿马虎不得。这么多年来，他培养了上百名学生，不少人已成名成家，或者是一个单位的骨干力量。他问心无愧地说：“我把自己掌握的知识和技术毫不保留地传授给了他们！”

有教无类

——追求教育公平

【说成语】

有教无类

释义 教：教育；类：类别。这有两种解释。解释一，不管什么人都可以受到教育，不应因贫富、贵贱、智愚、善恶等原因把一些人排除在教育对象之外。解释二，人原本是“有类”的。比如有的智，有的愚；有的贤，有的不肖。但通过教育却可以消除这些差别，“有教则无类”，可见“有教无类”是教育的结果，不是前提。

出处 《论语·卫灵公》：“子曰：‘有教无类。’”

孔子与穷弟子冉雍

有一天，一个叫冉雍的6岁孩子向孔子求学。这个学生落落大方、诚恳稳重，很有将来成为大人物的气貌。于是孔子就对这个孩子的身世很好奇，迫不及待地问孩子的个人情况、家庭情况。询问之后才知道，冉雍的家境很穷，家里也没有田地，父亲什么也不会，以盗窃为生。他的父亲对冉雍说："我也希望你长大后去学点本领，但是爹没有钱送你去学手艺，没有办法呀！"

后来，母亲去世，父亲续弦。继母听说孔子广收学子，并且不收任何费用，恰赶上冉雍的父亲因偷窃被关了起来，于是她就让冉雍到孔子门下求学。

孔子的弟子们知道冉雍是小偷的儿子，就看不起他，开始有意阻挠孔子收他为徒，但孔子不听他们的话，收下了冉雍。之后，弟子们有意无意地怀疑冉雍也会偷别人的东西，孔子看在眼里，记在心中，默不作声，一直想找机会教育这些弟子。

有一天，孔子带弟子们去郊游，学生们高兴极了，走着走着，在不远的地方看到一头小牛。小牛的毛色纯赤、头角又端庄，非常漂亮！

有个学生说："我记得老师说过，祭祀山川神祇就需要这样的牛。"

孔子故意摇摇头，有些惋惜地说："但是这头牛不行！他血统不好，不适合用来祭祀。"

"血统不好有什么关系，又不是需要用他的父母来祭祀。"

"哦，是吗？那人呢？人的血统重要吗？出身卑微、行为不端的人，也可能有行事光明、心地善良的儿子啊！大家为何用父亲的品行来否定他儿子的一切呢？"孔子问。

学生们一个个都低下头，知道孔子说的是关于冉雍的事。

孔子见弟子们明白了他在说什么，就赞美冉雍说："冉雍年龄小，气度不一般，我看他是个当领导的材料，大家不可歧视他。"

孔子并没有因为冉雍出身卑贱不接纳他、歧视他，而是因势利导，帮助他，培养他，使冉雍能被大家接纳，愉快地学习。冉雍也不负孔子所望，做了季氏私邑的长官。

【话管理】

管理要旨：孔子的“有教无类”教育思想

西周时期，政府设国学和乡学两类。国学又分大学和小学两级，而乡学则多称为庠、序、校、塾等。据《礼记·王制》记载：“小学在公宫南之左，大学在郊，天子曰辟雍，诸侯曰泮宫。”西周前期，因战事频仍，学校教育以武事为主，而西周后期政权稳定，开始侧重文化教育。当时大学学习以礼、乐、射、书为主，而小学则多学六艺基础知识。此时的教育依然以贵族教育为主，平民是很难进入官办学校学习的。

到了东周，战乱频仍，礼乐崩坏。周王失去了对全国的控制，全国范围内统一的制度开始崩解，诸侯开始为政一方。为了培养本诸侯国人才，诸侯纷纷设立自己的官学，称为“学宫”。这时候教育对象不再局限于贵族，为了充实人才，一些有能力的平民也被官学吸收培养。而以孔子为代表的儒家也在同一时期兴起，孔子本人非常认同扩大教育对象范围的做法，同时他还提出教育是教化民众、增强国家实力、维护统治稳定的重要手段。因此，他认为教育甚至不能仅仅局限在有潜力、有培养价值的人，而应推广至所有国民。所以，他本人积极推广私学，认为这样可以使任何愿意学习的人都获得受教育的机会。

故而，孔子以前“学在官府”，只有贵族子弟才有权受教育，因而也只有贵族子弟才有当官的资格。到了孔子的时代，社会的政治经济和文化教育都在下移，为私人办学提供了机会。孔子正是抓住了这一机会，开始了其创办私学的职业生涯，希望通过兴办教育来培养“贤才”和官吏，以实现其政治思想。在教育对象问题上，孔子明确提出了“有教无类”的思想。“有教无类”的意思是无分贵族与平民，不分国界与华夷，只要有心向学，都可以入学受教。孔子弟子三千，来自鲁、齐、晋、宋、陈、蔡、秦、楚等不同国度，这不仅打破了当时的国界，也打破了当时的夷夏之分。孔子吸收了被中原人视为“蛮夷”的楚国人公孙龙和秦商入学，还欲居“九夷”施教，充分体现了孔子的教育主张。孔子弟子有来自贵族阶层的，如南宫敬叔、司马牛、孟懿子；也有很多是来自平民家庭，如颜回、曾参、闵子骞、仲弓、子路、子张、子夏、公冶长、子贡等。而平民教育更能体现孔子“有教无类”的精神实质。

孔子“有教无类”思想的理论基础是其“众生一体都有善性”的理论。子曰：性相近也，习相远也。“性相近”说明了人皆有成才成德的可能性，而“习相远”又说明了实施教育的重要性。正是基于“人皆可以通过教育成才成德”的认识，孔子才作出了“有教无类”的论断。

儒家认为人可以为神、上帝。儒家相信人毕竟有体现至善、上通神明、天人合一的可能。孟子认为，人人皆可以为尧舜；人之趋善，如水之就下。人有天生的善端，本此善端，便可成德、成圣。荀子认为：途之人可以为禹。程朱理学“修身齐家治国平天下”的内圣外王之路，也是把国家、组织的管理权柄最终交给圣人。陆王心学也认为“宇宙即是吾心，吾心就是宇宙”“心即理，心外无物”。佛教在传入中国后，在中国传统文化的熏陶下，吸收儒家的“有教无类”，也发展出“众生平等”这个具有中国特色的说法。

“有教无类”思想的实施，扩大了教育的社会基础和人才来源，对于全体社会成员素质的提高起到了积极的推动作用。因此，孔子“有教无类”的思想在教育发展史上具有划时代的意义。现代社会，特别是20世纪后，教育成为全体公民的需要和共享的权利，教育的全民性和普及性显得更为鲜明充分。

管理案例：杨东平教授谈中国教育公平问题

杨东平教授在《中国教育公平的理想与现实》一书中指出，教育公平包括权利平等和机会均等两个不同方面。过去实行的“阶级路线”政策，限制地主、富农、资产阶级等家庭出身的子女接受教育，就是典型的权利不平等。现在教育公平问题主要表现在城乡之间、地区之间、性别之间、阶层之间接受教育的机会不均等，巨大的城乡差距、地区差距、阶层差距等。影响因素固然有经济文化发展不平衡的原因，但制度性的原因更令人关注，如重点学校制度、收费制度、招生制度等，制度不公会加剧业已存在的发展性的教育差距。

今天，我们已经清楚地认识到，没有公平的现代化是一种没有灵魂的发展，没有公平的发展是一种畸形的现代化。教育公平作为社会公平价值在教育领域的延伸和体现，不仅是教育现代化的基本价值和基本目标，也是社会公平的重要基石。

我国城乡、地区之间教育发展的不均衡，以及各种严重的教育差距，是我国的基本教育国情。城乡之间巨大的教育差距是城乡差距的重要表现之一。农村教育始终是中国教育的重点、难点。农村教育的薄弱和艰难集中反映了我国教育不公平的所有重要问题。

中国教育资源和教育机会的配置失衡不仅表现在城乡之间，也表现在空间分布上。中国东部、中部和西部地区的划分，不仅是地理上的，也是经济和文化意义上的。关于地区教育差距的深入研究显示，地区内的差距大于地区之间的差距。

性别之间的教育差距，一般表现为在西部边远和贫困地区，女童的失学、辍学现象仍很严重。此外，虽然女性在各个学历层次的比例都在增加，但“层次越高、女生比例越低”的特征和“男强女弱”的基本格局依旧。例如，在高等教育系统，女生在非正规高等教育中拥有更多的机会。

汉族与少数民族之间的教育差距很大，但一直在缩小之中。不同民族之间的教育程度差异极大。在少数民族中，蒙古族、回族的教育程度最高，其小学及以下学历人口的比例低于汉族，而大专以上人口的比例则高于汉族。藏族、苗族的发展水平则低于少数民族的平均值。

1990 年以来，由于社会的贫富差距加大，以及基础教育阶段的重点学校制度、择校制、高收费，学生的家庭背景强烈地影响着学生的教育机会。教育的阶层差距正在成为一个突出的问题。

杨东平认为，教育公平的理念是政治、经济领域的自由和平等权利在教育领域的延伸。平等接受教育的权利作为基本人权，已经成为现代社会普适的基础价值。社会现代化的过程并非单纯的经济增长，在客观存在巨大的发展差距的情况下，教育作为一种实现社会公平的“最伟大的工具”，有助于改变处于不利地位的人群的生存状况，从而缩小和改善阶层差距。因而，教育公平是实现社会公平的重要基础，教育公平具有独立的价值，是超越经济功利和经济政策之上的。

捷克著名教育家夸美纽斯提出：“教育的艺术是把一切事物教给一切人类的艺术。”然而教育的全民化在人类社会上却不是那么一帆风顺的。

授人以渔

——方法比知识更重要

【说成语】

授人以渔

释义 与“授人以鱼”连用，常说“授人以鱼，不如授人以渔”，意思是给人家鱼吃，不如教给人们钓鱼的方法。比喻给予解决问题的东西，不如教给解决问题的方法。

出处 出处不详。国内文献多以“古人讲（曰或云）或者中国有句古话叫‘授人以鱼不如授人以渔’”等引用之。也有人说自英文翻译而来。

干粮与猎枪

有一则故事说，有一天两个孩子要到山林游玩，一位家长给他的孩子准备了一袋干粮，而另一位家长则交给他的孩子一支猎枪。一个月后，拿干粮的孩子将干粮吃完后，饿死在外边。而拿猎枪的那个孩子则通过狩猎，今天吃鹌鹑，明天吃鹁鸽，一个月后凯旋。可见食物诚然可贵，而获取食物的本领更可贵。

清华大学的老校长蒋南翔先生曾说过一句话：“学校既要给学生干粮，还要给学生猎枪。”意思是说，知识和能力（包括求知能力、生存能力、共处能力等）一样不可缺少。

【话管理】

管理要旨：领导者的四种境界

中国有句老话：“授人以鱼，只供一餐，授人以渔，可享一生。”“授人以鱼，仅供一饭之需；授人以渔，则终生受益无穷。”意思是：给人家鱼吃，还不如教会人家钓鱼的方法。也有人讲：“授人以鱼，三餐之需；授人以渔，终生之用。”道理其实很简单：鱼是目的，钓鱼是手段，一条鱼能解一时之饥，却不能解长久之饥。“鱼”只能满足一时之需，而“渔”却让人有谋生的本钱。如果想永远有鱼吃，那就要学会钓鱼的方法。后人还经常引申：教人知识，不如教人学会得到知识的方法。传授给人既有知识，不如传授给人学习知识的方法。给予解决问题的东西不如教给解决问题的方法。相

同的英语谚语是：It's better to give him a fowling piece rather than bread.（给人面包不如给他猎枪！）

管理者或多或少都有些领导的功能。管礼传在《决策》2008年第6期撰文认为，要想成为好的领导应当达到四种境界，起码要会授人以渔。

——“授人以渔”是领导者的第一种境界。

给员工再多的钱，总有一天他们会花完的，所以领导者必须教会他们怎么赚钱。领导者要告诉下属：“你赚到的钱并不是我给你的鱼，而是你自己学会了‘渔’以后的结果。”换句话说，员工在公司获得的工资福利，并不是老板给予的施舍和怜悯，而是员工们通过自己的辛苦劳动挣来的。至于员工能赚到多少钱，能取得多大的成绩，那就看他学到的“渔”的水平了。所以，要想成为领导者，必须告诉下面的员工该如何赚钱，如何提高他们赚钱的水平，也就是“授人以渔”。

但仅仅知道“授人以渔”还是第一种境界，因为即使下面的人有了“渔”的技巧，却不愿意去捕鱼，也是不会有鱼进门的。“意愿第一，能力第二”，说的就是这个道理。员工或者经理们的能力有了，公司的业绩却未必很好，那是因为他们都不愿意再努力了。于是，领导还必须学会“授人以欲”。

——“授人以欲”是领导者的第二种境界。

只要领导者把全体员工的欲望都挑起来了，他们就像上足了劲的发条，会自动工作，根本就不用老板来督促。所以，领导者应该告诉员工们在一年内要赚到多少钱，应该告诉他们生活要讲究品质，人要学会享受。“授人以欲”，公司就会自动运转，想让它停下来都难。

有了前进的欲望，公司发展起来了，但往往问题也接踵而至。员工们都拼命地干活，脑袋里只有钱，为了钱可以牺牲一切，要各种小聪明。这时候，就要“授人以愚”。

——“授人以愚”是领导者的第三种境界。

领导者应该告诉员工和各级经理：做人不要投机取巧，要脚踏实地；不要想钻法律的空子，天网恢恢，疏而不漏；有了钱不要自以为是，山外有山，人外有人；个人欲望要适可而止，再聪明的人，都不可能拥有地球……郑板桥的经典名言“难得糊涂”告诉我们，适度地保持糊涂才是长久之道。能在适当的时候“授人以愚”的领导者，那是相当了不起的。

如果全公司的人都变“愚蠢”了，公司也就没有生机了。古希腊伟大的思想家、哲学家亚里士多德说过：“生命的本质在于追求快乐。”工作只是生活的一部分，是手段而不是目的。但一般人除了睡觉以外，大部分时间都花在了工作上，如果在工作中不能获得快乐，那他们就会感觉生活没有意义，工作不过是应付差事。于是，公司里也需要“授人以娱”。

——“授人以娱”是领导者的第四种境界。

把快乐带到工作中、带到生活中，让员工们获得幸福感，这样的公司是任何人都难以打倒的。因为“授人以娱”是一种快乐的企业文化，从中得到的动力是物质领域所无法比拟的，所以优秀的领导者必须达到这个境界。

管理案例：美国如何救助无家可归者

自从妻子离开后，参加过海湾战争的退伍老兵马丁和三个孩子失去了住所，经济陷入危机。他们从一家汽车旅店搬到另一家，很快就花光了所有的钱。流落街头的日子可谓父子四人最为艰难的时光。无奈中，他们来到位于洛杉矶市郊区帕萨迪纳市的“联合车站”无家可归者服务机构寻求帮助。在这里，马丁接受了生活和职业技能培训，孩子们也开始接受教育和心理辅导。“最重要的是，我在这里得到了重建生活的信心。家庭项目中心负责人吉尔·尼尔森对我说，我可以为无家可归的单亲爸爸树立榜样。”如今，马丁已经找到了工作，孩子们已经进入大学读书，一家人也住进了属于自己的公寓。

“授人以鱼，不如授人以渔。”“联合车站”无家可归者服务机构首席执行官拉比·马文·格罗斯认同中国《老子》中的这句古话。“我们正是希望能帮助人们成为‘渔夫’。帮助人们重建生活，正是‘联合车站’这一非营利机构最为重要的任务。”

曾在“联合车站”成人中心居住过的罗伯特在父母过世后曾因痛苦开

始酗酒并染上毒瘾。“我开始流落街头，生活跌入谷底。”一个冬天的夜晚，气温降至零度以下，姐姐接到店铺经理的电话后将罗伯特送到了“联合车站”无家可归者服务机构。“从那时起，我的生活开始发生改变，我开始住在‘联合车站’的成人中心，接受那里的职业发展项目培训，并从那里毕业。”罗伯特说，“如今回首过去，可以让我提醒自己要珍惜现在所拥有的一切。”

类似罗伯特和马丁的例子并不罕见。“联合车站”每个月都会为那些从该机构职业发展项目毕业的学生举办庆祝活动。在2012年一年中，有113人从该项目中毕业，其中58人找到了全职工作。仅2012年一年，80%的“客人”找到了稳定的住所。在约2000名前来寻求帮助的无家可归者中，有1272名个人和219个家庭进入了社会服务网络，开始迈出人生新的一步。1350名患者得到了社区医疗服务。此外，“联合车站”还开设了新的项目，旨在为那些有可能成为无家可归者的人提供帮助，使他们避免面临“沦落街头”的困境。

训练有素

——用兵之法，教戒为先

【说成语】

训练有素

释义 素：平素，平时。指平时认真训练，有扎实过硬的功夫。

出处 元·姚遂《奉训大夫知龙阳州孝子梁公神道碑》：“汝曹自计甲兵坚利，储馈有继，训练有素，征发日多，孰与官军？”清·赵翼《二十二史札记·卷三十四·将帅家丁》：“显亦为当时名将，所至有功，故知训练有素。”

剑桥大学冈维尔奇斯学院的“三重门”

剑桥大学冈维尔奇斯学院有著名的“三重门”：谦卑门、功德门、荣誉门。第一道门是新生入学时跨进的，意味着学识粗浅的他们须心怀谦卑。学识渐深的学生则进出功德门。华美的荣誉门通往参议厅，毕业生穿过此门可去旁边的参议厅领取学位。三重门依次递进的线路象征着优秀学者的求学历程：怀着应有的谦卑，努力修炼学业功德，走向荣誉。

【话管理】

管理要旨：用兵之法，教戒为先

对于如何造就精兵，古代有眼光的政治家、军事家大多强调重视军事训练。《吴子》认为，这取决于选择和训练两个方面。一方面是选好兵员，另一方面要通过训练造就人才。即所谓“用兵之法，教戒为先”（《吴子·治兵》）。所谓教戒为先，就是强调把教育训练放在首位，“士不先教，不可用也”（《兵法丛言提纲·教练》）。作为“精兵”中的每一个成员，没有经过良好的教育训练是不行的。此外，同军人的训练相联系，还应十分注重培养他们大无畏的英雄主义气概和勇于献身的精神。

古人这种重视训练的思想很值得借鉴。至于训练内容，古今差别很大，但兵书中所涉及的三条内容可以为现代职业教育训练所借鉴。一是练心，包括明耻和激气。明耻，“教之以礼，励之以义，使有耻也”（《吴子·图国》）。用现在的话说，就是加强职业道德和文明礼仪教育；激气，就是用关心爱护员工、宣传鼓动等手段，激发培养员工队伍的士气及牺牲精神，使全体员工上下团结一致。二是练胆，就是培养员工的勇敢精神，“教兵之法，练胆为先”“胆壮则兵强”（《正气堂集·兵略对》）。三是练艺，即训练职业技术和管理艺术。在训练方法上，兵书也有许多精粹的论述。例如，强调“教得其道，则士乐为用；教不得法，虽朝督暮责，无益于事矣”（《李卫公问对》），强调训练要切合实战，反对不务实用的花架子；主张“分科督教”（《阵纪·教练》），因材施教，“因其才力而授习不同”（《登坛必究·选兵原授器》），反对教条主义的训练方法；主张“必先由下以及中，由中以及上，则渐而深”（《李卫公问对》）的循序渐进的训练方法，反对违反认识规律的盲目训练，等等。

2012 年，《中国企业家》杂志对多家企业的调研数据显示，中国企业正在面临一场管理方式的深刻变革，“教练式领导”作为一种新型管理方式，正在逐步替代以控制、指令为特征的“集权式领导”，并被相当数量的企业所采用。它具体表现为上下级间的控制关系弱化，上级对下级更强调双向互动而不是单向命令的管理方式，并且更频繁地使用激励、启发和诱导的手段，以教练的方式激发下级管理者的主动性和创造性。

“教练式领导”的兴起有如下背景：

——信息时代，企业面临的外部环境更加复杂，因此需要强化“神经末梢”，中低级管理者甚至是基层员工不能仅仅是一个简单的命令执行者，而应该成为驱动企业向前的“发动机”，因此各级企业领导者应当以更平等的态度对待下级员工，激发他们的主动性和创造性。

——经历了三十多年改革开放，中国大部分企业面临交接班，培养下一代企业领导人时，需要上一代企业家的言传身教，就像教练一样。

——知识型员工和“80 后”“90 后”员工比例在企业中不断增加，他们有更强的自主意识，在物质回报之外也追求更多的成就感和尊重感，因此强调沟通、互动的教练式管理方式，更易被接受，能取得更好的效果。

管理案例：没有培训的员工是负债，培训过的员工是资产

2011 年 4 月，《牛津管理评论》发布的“企业管理失败 15 大因素”之一就是“培训跟不上”。美国有一项统计数据显示：企业每增加 1 美元的培训费投入，就会增加 3 美元的产出。所以美国和欧洲发达国家的企业都十分重视人员培训，很多企业都不惜重金设立自己的内部大学。中国的企业总是怀疑员工培训的意义和价值，老板花钱吃饭和请客送礼大方得很，可一提培训和学习却吝啬得像守财奴。学习型组织的高调唱了十几二十年了，但有几家中国企业真正理解学习型组织的真谛且切实建立起学习型组织呢？

海尔把教育培训提升到发展战略的高度对待。过去只把员工作为成本看待，对此，张瑞敏说：“没有培训的员工是负债，培训过的员工是资产。因为培训过的员工获得了一定的知识和技能，其中包含了利润的成分，可以成为利润的增长点。而从负债变成资产的关键在于员工对企业高忠诚度的建立。”海尔培训工作的原则是“干什么学什么，缺什么补什么，急用先学，立竿见影”。海尔的口号是“练为战，不为看”，一切服从于效果。在此前提下，首先是价值观念的培训：“什么是对的，什么是错的，什么该干，什么不该干”，这是每个员工在工作中必须首先明确的内容，也就是企业文化的内容。其次是实战技能培训。技能培训是海尔培训的重点。他们主要是运用案例，通过现场进行的“即时培训”模式来进行，即抓住实际工作中随时出现的案例（最优事迹或最劣事迹），当日利用班后的时间（不再是原来的停工集中式的培训）在现场进行案例剖析，针对案例中反映出的问题，统一人员的操作、技能和观念，然后利用现场看板在区域内进行培训学习。成果加以提炼后，会在《海尔人》杂志上进行公开发表、讨论，以便达成共识。员工从案例中能学到分析问题、解决问题的思路及观念，提高自身的技能，这种培训方式已在集团内全面实施。最后是个人生涯培训。上至集团高层领导，下至车间一线操作工人，集团根据每个人的职业生涯设计为每个人制订了个性化的培训计划，搭建了个性化发展的空间，提供了充分的培训机会，并实行培训与上岗资格相结合。海尔的人力资源开发思路是“人人是人才”“赛马不相马”。在具体实施上给员工规划了三种职业设计：一种是针对管理人员的，一种是针对专业人员的，一种是针对工人的。每一种都有一个升迁的方向，只要是符合升迁条件的员工即可迁入后备人才库，参加下一轮的竞争，跟随而至的就是相应的个性化培训。

在培养人才方面，阿里巴巴的主要方式是“请进来，送出去”。一方面，引进多位高层次人才；另一方面，与一些 MBA 学校和培训机构建立合作关系，把员工送出去学习。阿里巴巴在员工培训、干部培训方面的投入是很大的。他们认为，与其把钱放在银行，不如放在员工身上。一个公司要成长，主要取决于两样东西的成长：一是员工的成长，二是客户的成长。阿里巴巴自身成立了阿里学院，主要目的也是培训员工、培训客户。

不知老之将至

——发扬孔子“三忘”精神

【说成语】

不知老之将至

释义 不知道老年即将来临。形容人专心工作，心怀愉快，忘掉自己的衰老。

出处 《论语·述而》：“其为人也，发愤忘食，乐以忘忧，不知老之将至云尔。”

读书的阅历与信仰的味道

清朝文学家张潮在《幽梦影》中写道：“少年读书如隙中窥月，中年读书如庭中望月，老年读书如台上玩月，皆以阅历之浅深为所得之浅深耳。”他以“窥”“望”和“玩”三字形容读书的态度，恰好反映了不同年龄人的读书心境。所谓“台上玩月”，就是完全摆脱读书的功利性目的，以超然的态度，欣赏书中知识的美，品味知识的真正价值，以及隐藏在知识背后的智慧。当然，真正的读书学习者，必须具有坚定的信仰。

1920年的一个春夜，浙江义乌分水塘村一间久未修葺的柴屋内，两张长凳架起一块木板，既是床铺，又是书桌。桌前，一个人在奋笔疾书。母亲在屋外喊："红糖够不够，要不要我再给你添些？"儿子应声答道："够甜，够甜的了！"谁知，当母亲进来收拾碗筷时，却发现儿子的嘴里满是墨汁，红糖却一点儿也没动。原来，儿子竟然是蘸着墨汁吃掉粽子的！此人叫陈望道，他翻译的册子叫《共产党宣言》。

墨汁为什么那样甜？原来，信仰也是有味道的，甚至比红糖更甜。正因为这种无以言喻的精神之甘、信仰之甜，无数的革命先辈才情愿吃百般苦、甘心受千般难。

【话管理】

管理要旨：越先进，就越需要"充电"

随着科技的飞速发展，智能手机已经进入寻常百姓家，并在影响着大众的生活。走在街头巷尾、坐在公交车上，随处可见人们使用手机通话、上网、玩游戏的情景。而一旦手机没电了，许多人都会有怅然若失的感觉。过去的手机，充一次电一般能待机数天；而进入智能时代的手机，一天不充电，第二天电量就难以维持正常使用。所以，给手机充电，自然而然地成为人们每天的必修课之一。

手机的智能化只是这个飞速发展时代的一个缩影。越智能，越先进，就越需要充电——手机的这一充电规律，同样适用于我们每个人自身。智能手机不充电会很快耗光电量，从不可或缺的"掌中宝"变为毫无用处的"板砖"；一个人生活在日新月异的数字化时代，不及时充电也会"耗光电量"，变得思想僵化、视野狭窄，成为落伍于时代的"江郎"。所以，当我们"面对新知识、新情况、新事物的层出不穷"感到不适应，甚至是"新办法不会用，老办法不管用，硬办法不敢用，软办法不顶用"时，就亟须通过学习和实践来补充电力、增强本领。知识改变命运，学习改变人生，实践改变世界，学习能力在很大程度上决定着工作能力和发展潜力。"吾生也有涯，而知也无涯。"要不要充电已不是问题，关键是怎么在浩瀚的知识海洋中学得其所、学得其法，提高充电的效率。手机的充电方式值得借鉴。

注重随机充电。随机充电是一种灵活充电方式，根据需要随用随充，无所谓时间长短。如今一些同志总抱怨工作忙，没时间“充电”。那么，随机充电就是一个省时高效的选择。遇到新情况新问题，在网上搜一搜，翻报刊查一查，搞清楚来龙去脉；碰到棘手的问题，多向有经验的同志取取经，使别人的知识为己所用；写材料引经据典忘了出处，把原著找出来核对，加深一下印象，既推动了工作，学到了知识，又节省了时间。

定期循环充电。用智能手机的人都知道，每隔一段时间手机会自动提示进行循环充电。循环充电是指手机电池在电量低于20%后需再次充满并保留充电一段时间，这种充电方式能够保持电离子活性，对延长电池寿命很有帮助。如果说学习中的“随机充电”如同选择结实耐用的建材，那么要想将大厦建造得雄伟坚固，就必须有科学的设计方案，而这需要“循环充电”来规划。平时少一点交际应酬，舍弃一些不必要的爱好习惯，定期腾出大块时间规划自己的学习，这样才能增强自己的可持续发展能力。

切忌过度充电。手机电池充满后依然长时间进行充电被称作过度充电，它会降低电离子活性，导致电池过热，甚至发生漏液。这种现象值得警惕和借鉴。现实中一些同志给自己制订了详细的学习计划，把每天的时间排得满满的，可是却贪多嚼不烂，出现“消化不良”，甚至为此而影响工作，这就违背了初衷。学习的目的全在于应用，学习内容要联系实际归纳梳理，坚持在干中学、学中干，学以致用，用以促学，学用相长，如此才能真正让“充电”起到增本领、强素质的作用。

管理案例：孔子的“三忘”精神

《论语·述而》中记载这样一个故事。叶公问孔子于子路，子路不对。子曰：“女奚不曰：‘其为人也，发愤忘食，乐以忘忧，不知老之将至云尔。’”说的是叶公曾向孔子的学生子路询问孔子是怎样的一个人，子路没有回答。事后，孔子对子路说：“你怎么不回答说：‘他这个人哪，发愤起来会忘记吃饭，高兴起来会忘记忧愁，连自己快要老了也不知道，如此而已。'"

应当说，孔子的自我评价极为中肯，也道出了今天的组织领导者应努力身体力行的“三忘”精神，即：“发愤忘食”的勤奋精神，“乐以忘忧”的乐观精神，“不知老之将至”的不老精神。

孔子所倡导的“发愤忘食”的勤奋精神是基于时间这一稀缺资源而作出的系统思考。为什么珍惜时间？因为“逝者如斯”。孔子曾经以奔流不息的河水作比喻，对匆匆流逝的时间发出“逝者如斯夫，不舍昼夜”（《论语·子罕》）的感慨，指出时间具有不可逆性。德国诗人席勒（Friedrich Schiller）对孔子关于时间的这一比喻非常推崇，他在《孔夫子的箴言》一诗中写道：“不要把飞逝的现在当作友人，不要把静止的过去当作仇人。”正因为时间的不可逆性，席勒勉励人们要珍视飞逝的现在，而过去已经一去不复返，后悔、留恋是毫无意义的，但应该从中汲取经验和教训。管理大师彼得·德鲁克曾经说过：“时间是世界上最短缺的资源，除非严加管理，否则就会一事无成。”

在孔门的三千弟子中，颜回可以说是孔子最得意的学生。孔子所倡导的“乐以忘忧”的乐观精神在颜回身上表现得非常突出，孔子对颜回的褒奖也最直接而热烈——“贤哉，回也！一箪食，一瓢饮，在陋巷，人不堪其忧，回也不改其乐。贤哉，回也！”（《论语·雍也》）意思是，吃着一竹筐干饭，喝着一瓢白水，住在简陋的小巷里，别人因无法忍受这种穷苦生活而忧愁，颜回却从来都不改变他内心的快乐，为此孔子多次称赞颜回。

“不知老之将至”是孔子在带领弟子周游列国的第九个年头对自己的评价。此时，他已经63岁了，虽然历经千辛万苦，却依然没有得到诸侯的任用，而且险些丧命。然而，他没有灰心丧气，始终坚持自己的理想。后来，73岁去世的孔子对自己的一生曾做出这样的总结：“吾十有五而志于学，三十而立，四十而不惑，五十而知天命，六十而耳顺，七十而从心所欲，不逾矩。”（《论语·为政》）后有曹操《龟虽寿》诗云：“老骥伏枥，志在千里；烈士暮年，壮心不已。”

博古通今，博览群书

——为学要如金字塔

【说成语】

博古通今，博览群书

释义 博：广博，广泛，知道得多；通：通晓；博览：广泛地阅读；群书：各类书籍。博古通今：对古代的事知道得很多，并且通晓现代的事情。形容知识渊博。博览群书：广泛地阅读各类书籍。形容读书很多，学识丰富。

出处 唐·房玄龄等《晋书·石崇传》：“君侯博古通今，察远照迩，愿加三思。”三国·魏·王肃《孔子家语·观周》：“吾闻老聃，博古知今。”南朝·梁·沈约《宋书·谢灵运传》：“灵运少好学，博览群书，文章之美，江左莫逮。”唐·令狐德棻等《周书·庾信传》：“庾信，字子山，南阳新野人也。……幼而俊迈，聪敏绝伦，博览群书，尤善《春秋左氏传》。”

袒腹晒书与浓茶浇书

古人为防止书籍善本受潮或遭虫蛀，会“晒书”。晒书，又称曝书。看似琐碎小事，但由此引发的风雅趣事，却常常令人回味无穷。

南朝刘义庆的《世说新语·排调》中载有“袒腹晒书”的段子：“郝隆七月七日出，日中仰卧。人问其故，答曰：‘我晒书。’”说的是东晋名士郝隆无书不读，有博学之名。当时，每年的七月七日这一天民间有晒衣的风俗，富贵人家纷纷将绫罗绸缎高高挂起，也有借此炫富之意。家贫的郝隆无衣可晒，于是袒胸露腹，仰面朝天躺在太阳下。有人问他这是在干什么，他傲然而答："我在晒书。"郝隆晒肚皮，不仅是炫耀自己的学问，更是对那些炫富之人的一种鄙视。

这个故事后来衍化为"仰卧曝日"之典。《漳州四时竹枝词》就有"晒衣六月蠹能除，酷热金乌燎太虚。此日天门开好晒，郝隆惟晒腹中书"的诗句。

无独有偶，宋代大文豪苏东坡也有类似的故事。他每天早晨起身，先泡一大杯浓茶，徐徐饮下。自谓："浇书"。花草得常常浇水，咱这满腹的诗书，当然也不能旱着。

【话管理】

管理要旨：领导干部要爱读书读好书善读书

胡适先生说过："为学要如金字塔，要能够广大，要能博。"他在论及做专门学问与博览群书的关系时指出："理想中的学者，既能博大，又能精深。精深的方面，是他的专门学问。博大的方面，是他的旁搜博览。博大要几乎无所不知，精深要几乎惟他独尊，无人能及。他用他的专门学问做这些中心，次及于直接相关的各种学问，次及于间接相关的各种学问，次及于不很相关的各种学问，以次及毫不相关的各种泛览。这样的学者，也有一比，比埃及的金字塔。那金字塔高 480 英尺，底边各边长 764 英尺，塔的最高点代表最精深的专门学问，从此点依次递减，代表那旁收博览的各种相关或不相关的学问。塔底的面积代表博大的范围、精深的造诣、博大的同情心。这样的人，对社会是极有用的人才，对自己也能充分享受人生的趣味。"

鲁迅先生也说过："只看一个人的著作，结果是不大好的：你就得不到多方面的优点。必须如蜜蜂一样，采过许多花，这才能酿出蜜来，倘若叮在一处，所得就非常有限，枯燥了。"因此，没有知识的广度，就没有见解的深度。

关于领导干部如何搞好读书学习，特别是阅读古今中外优秀传统文化书籍，习近平在中央党校2009年春季学期第二批进修班暨专题研讨班开学典礼上作了《领导干部要爱读书读好书善读书》的重要讲话。现摘编如下：

——领导干部要爱读书。

书籍是人类知识的载体，是人类智慧的结晶，是人类进步的阶梯。读书对于一个人的成长进步很重要，对于领导干部提高自身素质、做好工作更为重要。人类的智慧蕴涵于文化传统之中，学习主体难以直接把握，需要通过富有文化品位的教育和大量文化知识的积累、文化素质的提高来掌握，以及需要主体持之以恒地学习和感悟人类的文化遗产，积极捕捉和把握其中的文化要素，对一定的文化要义切己体察。施特劳斯曾反复说明：“今人已无法与古人直接交谈，因而不可能通过聆听循循善诱的言说来接受他们的教诲和点拨；同时，人们也不知道，在这个喧嚣浮躁的时代是否还能产生他所说的‘最伟大的心灵’，即使能产生，又有几人能幸运地与他们在课堂上或在现实中相遇？好在‘最伟大的心灵’的言说是向今人敞开的，人们可以、也只能与那些心灵在其智慧的结晶——‘伟大的书’中相遇。”

——领导干部要读好书。

总体来说，读书是多多益善。但“吾生也有涯，而知也无涯”（《庄子·养生主》）。所以，在大量书籍中，领导干部应当围绕提高思想水平、增强工作能力、完善知识结构、提升精神境界，选择那些与所从事的工作关系密切、自己爱好和有兴趣的书来读，力争在有限的时间内取得最佳的读书效果。就一般情况而言，领导干部普遍应当多阅读下列三个方面的书：第一，当代中国马克思主义理论著作；第二，做好领导工作必需的各种知识书籍；第三，古今中外优秀传统文化书籍。优秀传统文化书籍作为古今中外文化精华的传世之作，思考和表达了人类生存与发展的根本问题，其智慧光芒穿透历史，思想价值跨越时空，历久弥新，成为人类共有的精神财富。特别是我们中华民族有着五千年的文明史，传统文化中的许多优秀文化典籍蕴涵着做人做事和治国理政的大道理。所谓“半部《论语》治天下”，讲的就是这个意思。

——领导干部要善读书。

第一，要坚持阅读与思考的统一。《论语·为政》中说：“学而不思则罔，思而不学则殆。”第二，要坚持读书与运用相结合。读书学习客观上是一个去粗取精、去伪存真的过程，必须联系实际，知行合一，通过理论的指导、利用知识的积累，来洞察客观事物发展的规律。第三，要锲而不舍、持之以恒。读书是一个长期的需要付出辛劳的过程，不能心浮气躁、浅尝辄止，而应当先易后难、由浅入深，循序渐进、水滴石穿。

管理案例：全方位学习与系统性学习

闻名海峡两岸的企业管理专家邱正明教授认为，有效的学习，最好是全方位学习。全方位学习，在内容上最好能把以下三类兼顾，第一类是身心修炼，包括身体外在筋骨皮的锻炼、精力和活力的提高、定力的修炼、潜力的开发和真正的增长等。对这方面的中华智慧，道家的静坐南功可以起到良好永续的综合效果。第二类是人格素质的学习，包括个性人品、为人处世、伦理道德、胸襟涵养、领袖风范、人生观、宇宙观等。对这方面的中华智慧，在“四书”、《道德经》《易经》和佛经中都颇有启发。第三类是专业素质的学习，包括专业知识、职务知识、经营管理、组织领导等。对这方面的中华智慧，《孙子兵法》、“四书”和《道德经》中的相关内容非常值得学习。

邱正明教授认为，全方位学习最好的方法就是系统性学习。有人说，知识就是力量。事实上，零零碎碎的知识，无法连成系统，而且还常常互相矛盾，很难发生力量。只有系统性的知识，才具有全面性、全员性、整体性的效用，完全能因情势的需要在系统中应用，这样才能真正产生力量。系统性的学习就是要对每一种学问先掌握其架构纲要，然后再深入到每一纲要的细节内容。在学习时，最好具有“专家意识”，对所学习的知识能一门深入，成为该学问的专家。一门深入之后，再就相关的学问逐步扩充成为多方面的专家。

邱正明教授认为，在中华智慧中，《孙子兵法》非常具有系统性。其十三篇本身就是一个治国用兵以及经营管理的大系统，每一篇就是一个中系统，每一篇中的每一段就是一个小系统，如五事七计、五胜之道、风林火山、奇正相生等。因此，学习《孙子兵法》，除了吸收其中所蕴涵的智慧外，还可学习其系统性的思维模式。

成名成家

——力争成为专家

【说成语】

成名成家

释义　树立名声，成为专家。

出处　《易系·辞下》：“善不积，不足以成名。”

爱因斯坦的衣着

爱因斯坦没有成名时，生活很艰苦，在衣着上十分随便。有人提醒他，应该有一件像样的大衣，才能进入社交界。他说："默默无闻，即使穿着再漂亮也没有人认识我。"

几年后，爱因斯坦成了举世闻名的大科学家，衣着仍然十分随便，习惯不改。又有人提醒他赶快做一件大衣，否则与大科学家的名声不相称。爱因斯坦笑着说："现在即使我穿得再破烂些，也会有人认识我的。"

有时，爱因斯坦甚至穿着运动衫和凉鞋到柏林大学上课，朋友们颇不以为然，他却戏谑地说："要是布袋子比里边的肉更好，那可是一件糟糕的事。"

的确，许多时候，不从外表上去装饰自己，而是让精神的骨骼站立起来，人才不至于在这个世界中摔倒。

【话管理】

管理要旨："成名成家"辩证谈

中国传统文化以集体主义为核心，不提倡个人成名成家。所以民间有谚语说："人怕出名猪怕壮""出头的椽子先烂""枪打出头鸟"。"文化大革命"期间，更是把知识分子和科学家作为"反动权威"加以无情批判和打击，把成名成家批判为资产阶级个人主义思想严重，等等。这种不尊重知识、不尊重人才的文化氛围，致使国人思想保守。直至今日，谁若在某些方面一出名，接着就会有"网络水军"进行"人肉搜索"和舆论攻击。当然，这不能包括那些"一夜成名"之人和腐败分子。

2015 年 10 月 5 日，瑞典卡罗琳医学院在斯德哥尔摩宣布，85 岁的中国女科学家屠呦呦获得 2015 年诺贝尔生理学或医学奖。屠呦呦率领的研究团队从中医古籍里得到启发，通过对提取方法的改进，首先发现中药青蒿的提取物有高效抑制疟原虫的成分，这一发现，在抗疟疾新药青蒿素的开发过程中起到关键性的作用。由于这一发现在全球范围内挽救了数以百万人的生命，在该项研究中起关键作用的屠呦呦于 2011 年 9 月获得医学科学领域重要的大奖——拉斯克奖。新中国成立以来，我国许多重大科研项目都是以国家下达任务并组织团队完成的，所以在相当长一个时期内，科研成果在内部均是以课题组集体名义署名，很少在国际上以个人名义发表。所以，屠呦呦因 20 世纪六七十年代领导团队开展的这项开创性研究在几十后获奖，立即在圈内外引起了集体和个人之争。不仅如此，不少记者和网民开始关注屠呦呦能获得多少奖金以及如何分配使用奖金等。这本是中国科技界的至高荣誉，但不少国人对此的态度却折射了中国文化习俗的悲哀。尽管如此，国外医学大奖却不顾这些，屡屡颁发给屠呦呦，这也意味着国际科学界对她工作的客观认可。

改革开放以来，国家提出“振兴中华”的口号，实施“科教强国”的战略，把科学技术作为“第一生产力”。知识分子政策逐步得到落实。国家和各省市定期评选科学技术大奖。中小学老师和家长也不断教育孩子长大以后要立志当科学家、艺术家、企业家，拜师学徒、报考研究生讲究师出名门，等等。对于任何人围绕社会需要和个人发展、通过个人奋斗和组织培养而成为各行各业的名人和专家，我们应当给予极大鼓励和支持，对于这样的“成名成家”应予以褒奖和保护。我们反对的是那些违背社会需要，仅仅满足个人私利、私欲的“成名成家”、沽名钓誉。

当然，真正的“成名成家”是要经过一番努力学习、刻苦钻研和艰苦奋斗，并造福社会才会取得相应成就和社会承认的。至于像“凤姐”“犀利哥”或靠各种“出位”或“绯闻”炒作而“一夜走红”“一夜成名”的网络红人，不过是反映了市场经济条件下“个性张扬”的侧面而已，不应成为社会文化改革发展的主流。自然，这种所谓“成名成家”只能成为人们茶余饭后的噱头，一般也不会持久。

需要说明的一点是，不能将追求成功与追求成名成家画等号，更不能将其与金钱、权力画等号。成功是一个多元化的概念，成名成家是成功的一种，但不是全部。成功有大有小，影响范围不同，但性质相同。在这个社会上，真正达到成名成家的人只能是少数人。对于大多数人而言，只要个人努力奋斗，能够在学习、工作、个人、家庭、组织、社会等各方面做出有益的事情、得到适当的发展，就算是成功，大可不必为难以成名成家而气馁。否则，只会自寻烦恼、影响生活幸福。

管理案例：毛家菜谱缘何成名

当你想到毛家饭店，你会想到什么？既然叫毛家饭店，当然是毛泽东主席来吃过饭的地方。

20世纪80年代以来，国人最深厚的湘菜情结表象是什么？“毛家菜”。“毛家菜”脱颖而出，备受国人喜爱，火爆全国。何谓“毛家菜”？简而言之，是源于韶山，以湖南韶山地域饮食风俗为底蕴，毛泽东主席的个人饮食习惯为特色风格，并以其姓氏命名的原生态的地方老百姓家常风味湘菜。

观其发展史，毛家菜形成的原因有“三特”：

——特定的历史地位。一方水土养一方人。毛泽东作为革命领袖，依然拥有着劳动人民的本色，生活平淡，一日三餐是家乡风味，如腊鱼、腊肉、腊八豆、豆豉辣椒、辣椒炒苦瓜、泥鳅煮豆腐、韶山火焙鱼。在他的生活饮食中，他认为“红烧肉”“鳙鱼头”是最营养的补脑食品。1972年2月美国总统尼克松访华，毛主席用了家乡的“红烧肉”等菜肴相招待，体现了毛家菜特定的历史地位。

——特殊的饮食情结。湘音、湘情、湘俗，以及对这位一代伟人的怀念。中国人在毛主席去世之后，常以吃毛家菜这种最朴素、最简单的方式纪念他、敬仰他。

——特别的个性滋味。毛家菜作为湘菜地方菜中的一个重要支柱，以土特为主，以时鲜为先，以清纯为妙，以香辣为要，以腊熏为助。原生态地传承着《黄帝内经》上记载的中国人的传统经典饮食结构原理：“五谷为养、五果为助、五畜为益、五菜为充”。土中见特，俗中见雅，素菜相宜，为世人所爱。宋代名人范仲淹评价中国饮食说过一句很精彩的话：家常饭好吃。毛家菜正是韶山民间老百姓常吃的家常饭菜。湖南民风的强悍与豪放，浓缩在刺激的口味之中。

融会贯通

——为学要有会通精神

【说成语】

融会贯通

释义 融会：融合领会；贯通：贯穿前后。把各方面的知识和道理融化汇合，得到全面透彻的理解。

出处 宋·朱熹《朱子全书·学三》："举一而三反，闻一而知十，乃学者用功之深，穷理之熟，然后能融会贯通，以至于此。"清·冯桂芬《重刻段氏序》："先生之注，以形为经，以声为纬，又以说解为经，以羣经传注为纬，融会贯通，虚空粉碎，发一凡，起一例，无一部一文不如网之在纲，珠之贯串，实他人所不能及。"

朱熹论读书

朱熹《训学斋规》中曰：大抵观书先须熟读，使其言皆若出于吾之口。继以精思，使其义皆若出于吾之心，然后可以有得尔。至于文义有疑，众说纷错，则亦虚心静虑，勿遽取舍于其间。先使一说自为一说，而随其意之所之，以验其通塞，则其尤无义理者，不待观于他说而先自屈矣。复以众说互相诘难，而求其理之所安，以考其是非，则似是而非者，亦将夺于公论而无以立矣。大率徐行却立，处静观动，如攻坚木，先其易者而后其节目；如解乱绳，有所不通则姑置而徐理之。此观书之法也。凡读书，须整顿几案，令洁净端正，将书册齐整顿放，正身体，对书册，详缓看字，仔细分明读之。须要读得字字响亮，不可误一字，不可少一字，不可多一字，不可倒一字，不可牵强暗记。只要多诵遍数，自然上口，永远不忘。古人云：“读书千遍，其义自见。”谓读得熟，则不待解说，自晓其义也。余尝谓，读书有三到，谓心到，眼到，口到。心不在此，则眼不看仔细，心眼既不专一，却只漫浪诵读，决不能记，记亦不能久也。三到之中，心到最急。心既到矣，眼口岂不到乎？

【话管理】

管理要旨：中华文化具有会通精神

《庄子·天下篇》说，天下大乱的时候，产生了许多学说，“譬如耳目鼻口，皆有所明，不能相通”。儒家《易传·系辞上》云，“圣人有以见天下之动，而观其会通”，主张思想文化的融会贯通。西汉史学家司马迁认为，“天下同归而殊途，一致而百虑”，诸子百家立论不同，但也有彼此相通的方面。东汉史学家班固在《汉书·艺文志》中说，诸子百家学说“相反而相成”。由此可见，会通精神是中华文化的一个重要特点。

中国思想文化史就是思想文化会通的历史。这从《吕氏春秋》一书可以看出端倪。该书亦称《吕览》，为战国末期秦相吕不韦集合门客编成，以儒家和道家学说为主，兼论名、法、墨、农、阴阳各家。此书肯定儒家的政治伦理，主张实行仁政，也赞成道家的“君无为而臣有为”的观点，体现了儒、道的会通。汉高祖刘邦之孙刘安被封为淮南王，与门客编撰《淮南子》一书。其中，既有道家的“无为”思想，也有儒家、墨家“以天下为己任、劳作不息”的论述。

从战国末期到秦汉及魏晋时期，其间贯穿着儒家与道家学说的会通，由此产生了魏晋玄学。魏晋玄学以《周易》《道德经》《庄子》为基础，称为“三玄”。它既讲自然变化，也谈社会人事变迁；既鄙视世俗，表现出超然物外的态度，又主张保持“名教”（身份等级的象征）传统和对自身既得利益的重视，用以论证“名教”与自然的一致性，体现了儒家与道家学说的“会通”。

中国思想文化的再一次“会通”，起于唐代“三教并立”，至两宋，由南宋理学完成。唐代，中国佛学吸取了儒学和道家老子学说的某些思想，有些僧人以“人皆可以为尧舜”来解释佛性，并出现了专讲孝道的佛经，如《父母恩重经》。有些僧人以忠孝思想为内涵、以家族组织为形式编写了禅律《百丈清规》，使佛教中的若干宗派世俗化，这样佛教才有了立足的文化基础。唐代思想家推崇儒学，同时研究佛学，居庙堂之上讲修齐治平、道德教化，处江湖之远则“栖心释梵，浪迹老庄”。时至两宋时期，儒学吸取了佛学宗教哲学的某些论证方法，使自身的哲学思辨特别是在本体论上有了新的理论创造。

“会通”，用南宋理学家朱熹的话说，就是为儒学寻找“活水源头”，否则儒学就会枯竭凋零。他在诗里写道：“半亩方塘一鉴开，天光云影共徘徊。问渠哪得清如许？为有源头活水来。”他和其他理学家将“三教”“会通”在以儒学为主的思想体系中，称为“新儒学”。与朱熹理学有别，南宋产生了以陆九渊为代表的心学思想，认为“心即理”，只要“发明本心”，即可“穷理尽性”。明代思想家王守仁继承陆九渊心学传统，论述“心即理”“致良知”“知行合一”学说，反映了人们要求独立思考的理性要求。

明末清初思想家黄宗羲说，思想学术为天下之“公器”“公识”，要由天下士人共同研究，确定其价值。在他看来，思想学术上的“会通”精神有助于打破学术上的门户之见，综合各家之长，开辟出一条新路。

管理案例：两个皮鞋推销员的故事

在太平洋的一个岛屿上，来了两个分别属于英国和美国的皮鞋厂的推销员，他们在岛上分头跑了一圈，发现岛上竟无人穿鞋。

于是两人第二天分别给工厂发了电报，英国推销员的电文说：“此岛无人穿鞋，我于明天飞返。”而美国推销员的电文却是：“此岛无人穿鞋，皮鞋销售前景极佳，我拟驻留此地。”

第三天，英国推销员飞离此岛，美国推销员则留下来张贴广告。他的广告没有文字说明，只是画着一个当地人模样的壮汉，脚穿皮鞋，肩扛虎、豹、狼、鹿等猎物，威武雄壮，煞是好看。

当地的土著看了这张广告，纷纷打听在哪儿能弄到那广告画面上的壮汉脚上穿的东西，于是美国推销员所推销的皮鞋逐渐打开了销路。

一个人要想有所成就，关键在于三种能力。一是广义的编辑能力。即对成功的组合比较敏感，能从很多看似不相关的事物中看出它们内在的联系。二是分析评论能力。凡事要知其然，更要知其所以然。三是创造性应用能力。要能学于人，化于己，举一反三，融会贯通，学以致用。

上述故事中的英国推销员可能习惯于在比较成熟的市场上开拓业务，他信奉的应该是降低成本，到有鱼的地方去钓鱼。而美国推销员则可能比较适应空白市场，并长于市场教育，知道如何引导消费。

学富五车

——书中自有黄金屋

【说成语】

学富五车

释义　五车：指五车书。形容读书多，学识丰富。

出处　《庄子·天下》："惠施多方，其书五车。"惠施是战国时哲学家，很有才学，是名家的代表人物。这句是说惠施是个有学问的人，道术很多，他读的书要用五辆车子拉。后来人们便以"五车""五车书""书五车""五车竹简""惠车"等来表示对饱学之士的称赞。王安石《赠外孙》："年小从他爱梨栗，长成须读五车书。"用"学五车""学富五车"来表示读书多或学问大。

“书中自有黄金屋”与“有书不会输”

“书中自有千钟粟，书中自有黄金屋，书中自有颜如玉”等诗句出自宋真宗赵恒的《励学篇》。“黄金屋”指代荣华富贵的生活，“颜如玉”指代美貌的女子。赵匡胤以陈桥兵变，得开大宋皇朝，这却使他心生警惕，于是制定了一个重要的国策，贬抑武人参政，建立一个士大夫政治制度，全国地方长官一律任用文臣。国家一时要普遍起用那么多文臣，而宋承五代长期的战乱，使一般人都不喜欢读书，书读得好的就更少。所以朝廷为实行既定国策，就必须一方面广开读书人登仕的途径，另一方面竭力提倡读书的风气。宋真宗赵恒御笔亲作《励学篇》，传布天下，这首短短的七律，迷醉天下士子，几近千年。现辑录如下：

富家不用买良田，书中自有千钟粟。
安居不用架高堂，书中自有黄金屋。
出门莫恨无人随，书中车马多如簇。
娶妻莫恨无良媒，书中自有颜如玉。
男儿欲遂平生志，五经勤向窗前读。

无独有偶，新加坡有一家书店厅堂内写的94个大字，让人过目难忘：“书是书，输是输；有书不会输，输的不会是书；输了要认输，不要怪书；看书不会输，不看书就会输；怕输的人看见人家看书他也看书，看书的人喜欢别人看书，他一点也不怕输；怕输就不能无书，无书不怕输也会输，无书又怕输肯定输了又输。”总之，读书是成就事业的基础。

【话管理】

管理要旨：读得书中之味

阅读的经验表明，书中有味，能读出书中之味，就进入了阅读的理想境界。南宋文学家尤袤在《遂初堂书目》序中说：“饥读之以当肉，寒读之以当裘，孤寂而读之以当朋友，幽忧而读之以当金石琴瑟也!”朱熹的《朱子语类》中云：读书和“吃果子相似，未识滋味时，吃也得，不吃也得。到识滋味了，要住，自住不得”。宋代另一学者程颐也认为：“外物之味，久则可厌；读书之味，愈久愈深。”林语堂也认为：“一个人读书，首先要寻求思想之味，而且他也能够获得书中的‘味’。”可见，能读出书中之味，就能引起读者的浓烈兴趣进而取得最佳的效果。

鲁迅年幼时曾就读于“三味书屋”。宋人李淑对“三味”释曰：“诗书味之太羹，史为折俎，子为醯醢，是为书三味。”（《邯郸书目》）意谓经书味如肉汁，史书味如带骨的肉块，子书味如肉酱。古人把好书比作美味佳肴，主张仔细品味、吸收、消化，进而变为对自己有益的养分。故此，明代宋懋澄有“味书”之说：“年来神散，读过便忘，然而欲贮之腹中，犹含美馔于两颊，而不忍下咽。我之于书，味之而已。”好书如同美馔，味之“不忍下咽”，看来读书既饱眼福，又饱口福，真可谓味之无穷。

明人陈继儒在《小窗幽记》中说：“文章之妙：语快令人舞，语悲令人泣，语幽令人冷，语怜令人惜，语险令人危，语慎令人密，语怒令人按剑，语激令人投笔，语高令人入云，语低令人下石。”文章之妙，可以惊天地泣鬼神。语言用得恰到好处，便会有笔下惊雷之感。读书是一种享受，更是一种醒悟。陈继儒在《岩栖幽事》中说：“多读两句书，少说一句话。”多读书多见识，少说话少是非。

怎样读出书中之味？张运辅撰文认为，有三点很重要：

一是丰富生活阅历。阅读中不同的读者或同一读者在不同的时段，对同一部（篇）作品的理解往往有深浅之别。这主要与读者的生活阅历相关。对此，清人张潮在《幽梦影》一书中有极形象的解说：“少年读书，如隙中窥月；中年读书，如庭中望月；老年读书，如台上玩月。皆以阅历之深浅为所得之深浅耳。”一个人生活阅历越丰富，就越有助于对作品的理解，自然也越能读出书中之味。当代作家李霁野在《读书与生活》一文中指出：“读书必须是自己的有机的一部分，必须和自己的生活经验熔为一炉。若是书和生活经验发生了亲切的关系，书便有了味道，变为知己的朋友一样了。”

二是加深对作品的理解。读书时若囫囵吞枣、浅尝辄止，势必难以解其意，识其味，得其要。因此，读书“必须把书读懂、读深、读彻，真正领会到书中的真谛”。“一定要把书读进去，体味其精，认知其理，既有感性的共鸣，又有理性的共识，才能识得滋味。”（张雨生：《读书当识滋味》）为了达到这一境界，就要求熟读精思，探幽发微。这正如宋人陆九渊所说：“读书切戒在慌忙，涵泳工夫兴味长。”

三是探求识味之法。要读出书中之味，必须在阅读时细嚼慢咽，反复品味。朱熹对此打比方说：“若只是握得一个鹘子底果子，不知里面是酸、是咸、是苦、是涩，须是与他嚼破，便见滋味。”因此，有人把读书比作“吃书”，只有慢慢地“吃”，才能“吃”出书中之味。故此，朱熹宣布，白鹿洞书院的首条院规就是讲究“吃书”。在这方面，现代著名学者林纾堪称范例。他用 8 年时间“吃”《汉书》，又花 8 年时间“啃”《史记》，对韩愈的文章更是“品”了 40 年。他“吃书”时常把书铺在桌上，每天打开读一篇，读了又盖上，探求精蕴达数月，直至装入脑海才另换一篇。由于他坚持细嚼慢咽，融会贯通，终于识其“味”，得其精要，因而他用文言翻译的《巴黎茶花女遗事》《黑奴吁天录》等，才能那么简洁清雅，优美动人，使“林译小说”风行一时。

管理案例：富翁的遗嘱

罗伯特是个大富翁，大名鼎鼎的电脑高手，而他的儿子杰克却是个纨绔子弟，每天在酒吧和舞厅打发时间。罗伯特不幸得了不治之症，临终前给杰克留下一份遗嘱：

“我所留下的财富锁在保险箱里，而开启保险箱的密码则存放在电脑里，当你解开电脑程序的密码之日，便是继承我的财富之时。如果试图肢解保险箱，保险箱中的财富会自动化为灰烬。”

对于父亲的去世杰克很伤心，但他庆幸父亲将所有的财富都留给了自己。杰克将父亲火化后，请来了父亲生前一位最信任的助手莫拉德，希望他能帮自己解开电脑程序密码。可莫拉德说：“你父亲是电脑奇才，要解开他的密码我做不到。”杰克再三恳求，莫拉德想了想，答应试试看。

但是，最后莫拉德也没有解开密码。之后，杰克还找过很多业内高手，但仍是徒劳。从此，杰克从基本的电脑知识入手，啃下了一本又一本深奥的电脑书，然后他又去几家有名的大学请教著名的电脑博士。经过5年的学习，他开始着手破解密码。

又经过长达3年的攻关，杰克终于破解了父亲的密码。他用这个密码打开了保险箱。然而，保险箱里除了一张纸条外，空无一物。

纸条上写着：恭喜你继承了我的终生财富，金钱不过是一个数字而已，在知识经济时代它不能代表一个人终生的财富，只有知识才是财富。我所赚到的金钱，已在有生之年悄悄捐献给了需要救助的人们，留给你的只是不断学习、不怕挫折和不断开拓的精神，这便是你一生享用不尽的财富。

杰克终于明白了父亲的良苦用心。后来，他也像父亲一样，凭借自己渊博的知识与永不言败的精神，成为了互联网时代叱咤风云的英才。

开卷有益

——读书有学问

【说成语】

开卷有益

释义 开卷：打开书本，指读书；益：好处。比喻读书总有好处。

出处 晋·陶潜《与子俨等疏》：“开卷有得，便欣然忘食。”宋·王辟之《渑水燕谈录·文儒》：“太宗日阅《御览》三卷，因事有缺，暇日追补之，尝曰：‘开卷有益，朕不以为劳也。’”

宋太宗“开卷有益”

宋太祖赵匡胤建立北宋王朝的时候，各地还存在着一些割据政权。统一全国的任务，直到他的弟弟赵光义当上皇帝后才完成。赵光义即位后改名赵光灵，史称宋太宗。宋太宗统一全国后，立志弘扬传统文化，下令文臣辑录了1600多种古籍的重要内容，编纂成规模宏大的分类百科全书《太平编览》。宋太宗对这部全书非常重视，规定自己每天看三卷，一年后全部看完；因而改名为《太平御览》，意思是太平兴国年间皇帝亲自阅读的书。宋太宗的政事非常繁忙，经常因处理其他事情而未能按计划阅读这部书，于是就在空暇的日子补读。侍臣怕他读得时间太久，影响身体健康，劝他说没有必要如此。太宗说：“只要翻开书卷阅读，就会有收益，所以我不觉得辛苦。”

由于皇帝垂范，群臣效仿，读书风气很盛。连平时不读书的宰相赵普也有“半部《论语》治天下”之谓。后来，“开卷有益”便成了成语，用以激励人们勤奋好学，多读书。

【话管理】

管理要旨：读书之益

2012年7月，国务院颁布的《国家基本公共服务体系“十二五”规划》中，明确提出了“全民阅读”活动的要求，并把这一要求写进了党的十八大报告。“全民阅读”第一次正式写进党和政府的大政方针，从国家层面上号召并组织国民多读书、读好书，读书的氛围必将越来越浓厚，久而久之就会成为我们的一种生活态度和精神追求。大兴读书之风，可以让全民体味书籍之香、分享读书之益。

一是读书益智。人们的聪明和才智，不是先天就有的，都是实践经验的总结。书本记录了历史，记载着先人实践的总结和对自然的认知。我们打开书本，就能了解自然变化规律和利用自然、改造自然的方法；打开书本，就能看到先人的智慧和创造；打开书本，就可以掌握科学知识。工作生活中遇到的疑惑和问题，都可以从书中找到答案。由此可见，读书能够让人变得更聪明。

二是读书益心。常言道，“养心莫如静心，静心莫如读书”，主要是说语言文字本身具有调节情感、解除烦恼、摆脱抑郁的作用。历史上就有杜甫“诗能除病症”的传说。现代医学也证明，读书能够给人带来精神上的调节，可以增强人体的免疫功能。目前，世界各地尤其是中、美、德、意、日等许多国家不乏诗书音乐疗病法。我们在人际关系不顺、事业受阻的时候，在遇到挫折、情绪低落、身心感到不适的时候，不妨打开书本，它会让你释放情绪、找到乐趣、消除疲劳、愉悦身心。

三是读书益寿。据记载，有人曾挑选了400名16世纪以来的欧美伟人，对其寿命进行研究，结果是读书人居首，平均寿命为79岁。中国也有机构对秦汉以来的3088名著名学者的寿命作过统计分析，其平均寿命为65.18岁，远高于其他人群的寿命。究其根源，读书可让人树立正确的世界观、人生观、价值观，从而达到走正道、干正事、讲正义的崇高境界；读书可以帮助人陶冶情操、开阔胸襟、人情练达，从而养成修身弘道、忘我无我、和谐相处的崇高品德……这些恐怕都是让人长寿的重要因素。

四是读书益业。我们经常讲，学有所成。实际上指的就是，学习和读书能够成就事业。目前我们正处在一个变革的时代，新信息、新技术、新知识层出不穷、日新月异，任何一个人、一个民族要成就一番事业都必须勤奋读书，不断充实和提高自己。特别是面对激烈的竞争环境和工作压力，靠原有知识，不要说创新，就是胜任本职、竞争取胜也很困难，唯一途径还是多读书，丰富知识，增加学识。

管理案例：为书疯魔痴狂的名人

古往今来大凡有成就的人，都与书结下了不解之缘，他们嗜书成性，爱书成癖，甚至为书疯魔痴狂。

郑所南“沉书”：宋代著名学者郑所南，他把文天祥抗元、张世杰崖山保卫战等重大历史事件记载下来，写成《心史》一书。为避过元兵的焚毁，他把书稿装进铁匣里，外加密封，沉入苏州承天寺古井里。明代崇祯十一年（1638 年），因久旱井枯，乡民掏土时意外发现书稿，使这部沉埋350 多年，绝无仅有的史书重见天日。

鲁迅“补书”：鲁迅先生从少年时代起就养成爱护图书的好习惯。每次看书，他总是先洗手，一旦发现书脏了，就小心将它擦干净。他还学会了补书的本领，备有一套小刀、锥子之类的工具，如发现书有破损，便立即修补，使之面目一新。

闻一多“醉书”：诗人闻一多新婚那天，亲朋好友一大早就前来贺喜。可好久不见新郎出来，大家都以为他更衣打扮去了。直到迎亲的花轿快到家门口时，人们才在书房里找到他。他仍穿着那件旧袍，手里捧着一本书，兴味正浓。家人都说这个大喜时刻不能让他看书，因为他一看上书就“醉”。

王亚南“绑读”：我国《资本论》第一个完整三卷中文全译本的译者之一、经济学家王亚南，1933 年在由红海向欧洲驶去的船上，因遇风浪，大船颠簸得叫人无法站稳，他便请服务员将他绑在椅子上，如此固定住读书。

余光中“玩书”：书是用来读的，而台湾诗人、散文家余光中，阅读之外，还要对书“欣赏把玩”。所谓读，即读书的内容；所谓玩，即玩书的外表装帧、插图之类。一般人买书，多视其内容来决定取舍；而余光中先生看到精美华丽抑或装帧考究的书籍便一见倾心，也顾不得内容是怎样的。他曾经这样来形容自己“欣赏把玩”书籍的情形：“资深的书呆子通常有一种不可救药的毛病。他们坐在书桌前，并不一定要读哪一本书，或研究哪一个问题，只是喜欢这本摸摸，那本翻翻，相相封面，看看插图和目录，并且嗅嗅（尤其是新的书）怪好闻的纸香和油墨味。就这样，一个昂贵的下午用完了。”

华罗庚“猜书”：华罗庚拿到一本书时，首先要对着书名思考片刻，闭目静思，猜想书会分为几章几节去写，斟酌完毕再打开书。如果作者的思路与自己猜想的一致，他就不读了。华罗庚这种“猜读法”，不仅节省了时间，而且培养了自己的思维力和想像力，不至于使自己沦为书的奴隶。

刘绍棠“敬书”：作家刘绍棠爱藏书，他家中的书十个书柜也装不下。他说：“其实我这些书没有一本贵重的，只是不忍定时清理，卖‘破烂儿’换酒喝，我出身于‘文盲世家’，我家没有文化的老人视字为圣物，教育我自幼敬惜字纸。”

曲波“挖书”：当代文学名著《林海雪原》的作者曲波，12岁时读《说岳全传》，对书中的秦桧非常痛恨。一怒之下，将书中所有的“秦桧”二字都用刀子挖掉，未曾想连背面的字也给挖掉了，他怕父亲责怒，赶紧向父亲解释。父亲不但没有责怪他，反而给他又买了一套《说岳全传》以示嘉许。

审思明辨

——开展研究性学习

【说成语】

审思明辨

释义　审慎地思考，明确地分辨。

出处　《礼记·中庸》：“博学之，审问之，慎思之，明辨之，笃行之。”宋·朱熹《近思录》卷三：“凡致思到说不得处，始复审思明辨，乃为善学也。”

爱因斯坦的“非常答案”

一天，美国斯坦福大学的研究生们听说著名的科学家爱因斯坦先生要来本校演讲，都争相去听。众人坐下以后，爱因斯坦并没有像其他人那样开始长篇累牍地讲述自己的成功经历，而是给学生出了一道题。他说：“有两位工人，他们同时从烟囱里爬了出来，一位是干净的，一位是肮脏的。请问他们谁会去洗澡？”

有同学立即回答：“当然是肮脏的工人会去洗澡。”爱因斯坦反问：“是吗？干净的工人看到肮脏的工人，他会以为自己身上一定也很脏；而肮脏的工人看到干净的工人，可能就不这么想了。我再问问你们，哪个工人会去洗澡？”接下来有学生马上回答：“干净的工人会去洗澡。”在场的同学一致点头，都认同了这一答案。

爱因斯坦笑着说：“你们又错了，理由很简单，两个工人同时从烟囱里爬出来，怎么可能一个是肮脏的，而另一个是干净的呢？”爱因斯坦接着说：“其实人与人之间并没有太大的差别，尤其是你们这些坐在同一间教室里、受着相同教育、学习又都非常努力的年轻人，你们之间的知识差异更是微乎其微。有的人之所以脱颖而出，是因为他们没有因循前人的足迹。而要想做个与众不同的人，就必须跳出习惯的思维定势，抛开人为的布局，敢于去怀疑一切。”

爱因斯坦环顾了一下四周，继续说：“‘世上没有绝对的真理’，这就是我要对你们说的所有的话！”

【话管理】

管理要旨：学习以学为主，学问以问为主

《人民日报》理论部主任张首映撰文指出，学习以学为主，学问以问为主。这是学习与学问的根本差异。

世界上一切知识都是通过学习学来的，一切学术成果都是通过学问问

出来的。世界上一切优秀大学都是敢于善于发现问题、解决问题的大学，一切学术大师都是勇于、能于提出并回答重大问题的人。从《礼记》“博学之，审问之，慎思之，明辨之，笃行之”到《科学研究的艺术》再到《学习的革命》，众多研治学习和学问理论的，作如是观。

问，表明在学习、会学习。学习是学问的基础，学问是学习的升华。有学才有问，有问方显学，问是学的结果。学，看人家的，往往被动；问，是自己的，因而主动。带着问题学，更专注于学，越学越来劲，越学越精进。

问，表明在思考。“学而不思则罔，思而不学则殆。”罔，就是大脑缺氧，受骗上当；殆，轻指懈怠，重指危险。孔夫子是厚道老头，放出这么重的话，可见学思关系在他心中重千钧。不过，这话太原则，不好用。现在，学第一，问第二，思第三，有了问这个桥梁、这个抓手，学与思就联通了。问问题，或提问、设问，或追问、反问，要转脑子、动脑筋，就是思考。思考就是在思想。在思想就会出思想、出智慧。学习成为“生态”，多问多思成为常态，就能使自己聪明起来、智慧起来。

问，表明在研究。学习到研究，途经三部曲，学习、学问、问学。问学，就是研究学术，或学术研究。用伽达默尔的话说：“精神科学的逻辑是一种关于问题的逻辑”，“理解一个问题，就是对这个问题提出问题。理解一个意见，就是把它理解为对某个问题的回答”。从来的研究都从问题开始，以对问题的整理、类比、比较、分析、判断、推理等为过程，以解决问题结束。循环往复，渐入佳境。

问，创新的牵引。学习的目的在于运用，学问的目的在于创新。没有问题就没有创新。一切创新都在发现问题、提出问题、分析问题、解决问题中实现。学术大师未必都是读书最多的人，却是学问水平、创新能力高于一般学者的人；未必是掌握外语种类最多的人，却是学问做到思想创新境界的人。学问做到思想创新境界，方能进入最高境界。

问，你问，他问，互相问，大家问，交流交锋交融，个体素质与团队水平才能日益高涨。概言之，问，是学问区别于学习的显著标志，是古今中外学问之道的精髓，也是开启学术大门的钥匙，研究创新的法宝。投身到发现和解决问题的洪流中去吧，那里有真正的学问、真正的探索、真正的娱乐，那里会产生了不得的哲学家、社会科学家、自然科学家或各行各业、方方面面的专家！

管理案例：创建学习型组织的典范——微软

闻名世界的美国微软公司究竟是怎样变身学习型组织的呢？一些专业人士作了如下总结：

一方面是有正确的学习理念。微软提出三大学习理念：学习是自我批评的学习，信息反馈的学习，交流共享的学习。

另一方面，围绕这三大理念，微软制定了四项原则，这四项原则实际上是四大学习系统。

原则一：系统地从过去和当前的研究项目与产品中学习。为了实现这一目的，微软开展了五大活动。(1) 事后分析活动。要求每个项目组、每个部门开发一个产品、完成一个项目都要写一份事后分析报告，着重揭露存在的问题，通过自我批评进行学习。(2) 过程审计活动。要求审计人员在审计过程中一再告诉被审计对象：我们的审计过程是一个将帅交换的过程，是发现先进典型的过程，是学习的过程。(3) 休假会活动每年举办一次，主要目的是交流信息、对付难题、提高技巧和学习文件。(4) 小组间资源共享活动。即不同部门的人员在非正式场合经常性交流，部门内部和部门之间定期或不定期举办午餐会，或者通过电子邮件进行互访交流。(5)“自食其果”活动。即员工要首先使用自己开发的产品，通过这种方式来进行自我反思、自我批评，从而得到学习。

原则二：通过数量化的信息反馈进行学习。微软把产品的质量分为四个程度：整个产品达到崩溃等级，不能使用；一种特性不能运行，但有替代方案；一个产品不能运行，并无替代方案；表面的、微小的问题，还可以使用的。公司对产品质量进行检测后，立即将数量化的检测信息加以公布，使得有关员工知道问题的严重性，经过反思，找出问题的关键所在，从而得到学习。

原则三：以客户信息为依据进行学习。学习有内源学习和外源学习。内源即通过内部获得的，如数量化信息反馈。外源即把客户的信息作为重要的来源。微软将客户信息作为重要的学习资源。为了鼓励用户提意见和咨询，为此它承受的长途电话费相当可观，但得到的客户信息也相当可观，平均每天能获得6000个左右的用户电话。此外，微软每年花50万余元进行用户满意度调查，以便得到更多的外源性学习。为了使调查结果客观真实，一般请咨询公司进行这项工作。

原则四：通过交流共享学习成果，促进各产品组之间的联系。微软的重要理念是通过交流实现资源共享。为了实现交流共享，微软采取了三项措施：开展不同组别的交流活动，如座谈会等；要求员工工作时间到其他的产品开发组走动，了解其他组别的各种情况；邀请不同组别的人员来使用开发组开发的产品，并互相沟通，以发现未知的问题。

通过采取各种措施，微软将自己成功地打造为一个学习型组织的典范，不但企业利润逐年上升，产品拥有90%的市场占有率，而且员工队伍也非常稳定，多年以来的年流动率均保持在10%左右，低于其他电脑公司的平均流动值。即使在整个IT业陷入危机时，微软的员工仍保持着盖茨所提倡和崇尚的精神——高效率、创造性、坚持、执着，这就是它成功的秘密。

提要钩玄

——勤奋用功须得法

【说成语】

提要钩玄

释义　提要：指出纲要；钩玄：探索精微。精辟而简明地指明主要内容。

出处 唐·韩愈《进学解》：“记事者必提其要，纂言者必钩其玄。”

韩愈“提要钩玄”学习法：抓其要点，探其妙义

一提起韩愈，许多人都知道他是唐代著名的文学家，因自称“郡望昌黎”，故世称“韩昌黎”。他为文反对骈偶，为诗力求新奇。与柳宗元同为古文运动倡导者，被尊为“唐宋八大家”之首。韩愈对读书问题也有很深的研究，而且为后世留下了颇有见地的读书方法。

韩愈在《进学解》里说他的读书方法是“口不绝吟于六艺之文，手不停披于百家之编。记事者必提其要，纂言者必钩其玄。贪多务得，细大不捐”。韩愈的这种读书方法，主要是强调读书要把勤奋用功和讲究方法结合起来，归纳为“提要钩玄”的读书法。提要，就是一边读一边将要点记下来；钩玄，就是将所读的精彩文字标记下来或者抄下来，以加强记忆。这是得要领的读书方法。

具体说来，在博览百家之书时，首先得将书籍分门别类，然后按其性质类型的不同采用不同的读法。对于那些记事类的书籍，阅读时必须掌握它的要领寓意，也就是善于提纲挈领地抓住书中的重点；对于那些理论类的书籍，阅读时必须探索出它的主旨妙义，也就是善于抓住它精深的部分。

【话管理】

管理要旨：毛泽东的读书艺术

毛泽东是一位伟大的领袖，也是一位善于读书的人。据党史专家不完全统计，他一生读书在 9 万册以上。他是一个农家子弟，只有中专学历，为什么一跃成为中国乃至世界的伟人？他没有进过一天军校，为何能统率三军，指挥千军万马，打败比自己强大百倍千倍的对手？如果说毛泽东的一生是一部英雄豪迈的乐章，那么，刻苦读书同他的大智慧在其一生中交

相回响。

苦读书。毛泽东从青少年到老年，都把读书看成生命第一。他有一句名言："饭可以一日不吃，觉可以一日不睡，书不可一日不读。"他一生中读的书涉及种类很多，哲学、政治、经济、历史、文学、军事等无所不及。关于毛泽东的读书故事很多。他在长沙读书时，是湖南图书馆的常客，每天早上5点第一个到图书馆，天天、月月如此，遇到刮风下雨、大雪纷飞也不例外。毛泽东在北大图书馆工作时，晚上偷偷进入图书馆夜读，直至深夜。长征时，生活十分艰苦，他却带着一箱书随行。他病了骑在马上，稍清醒就在马背上读书，列宁的《国家与革命》就是在马背上读完的。他的床铺上、饭桌上都放着书，随时可以拿来阅读。更为感人的是，毛泽东在临终前仍然在读书。

巧读书。毛泽东读书的目的性很明确："改造社会、改造中国"。他不为文凭读，不为分数读，而为实现自己的远大理想而读书。年轻时，他读书的重点很突出，对实现他"改造社会、改造中国"最有帮助的社会科学学得极为投入，极为用功。在读书方法上，毛泽东采取泛读与精读相结合，以精读为主，有的书一般浏览，略知其义，有的书却深入研读，探其真谛。如《共产党宣言》《资本论》《列宁选集》等革命书籍都反复阅读，有的书甚至读了十几遍、几十遍。我国古代四大名著他从13岁开始阅读，直到晚年仍在研读，时间跨越了70年之久。他读古代小说不仅是读故事、学文学，而是着重研究封建社会的政治、经济、军事、文化以及战争中的战略、战术、谋略。在毛泽东读过的书本上，都留下了深邃思考的印痕，除圈、点、横、杠外，他撰写的读书笔记、心得体会不计其数。例如，读《西游记》，他深悟道：唐僧师徒能战胜八十一难，贵在坚定的信念；只要在分歧矛盾中求团结，目标一致，就能战而胜之。

善用书。毛泽东常常巧妙地把从书中获得的知识和智慧运用于他的文章、讲话，甚至是战争实践之中，不仅使他的文章、讲话感染力倍增，更创造了战争史上的一个个奇迹。例如，红军在井冈山时期取得几次反围剿的胜利，是和毛泽东熟读《孙子兵法》《三国志》等经典著作密不可分的。他十分推崇诸葛亮和曹操，从中学习文韬武略。毛泽东写《中国革命的战略问题》一文，通过剖析官渡之战、赤壁之战、彝陵之战等六大战例，把“后发制人”的道理说得深入浅出，入木三分。为了迎接同蒋介石的决战，他研读了德国军事理论家克劳塞维茨的名著《战争论》，接着组织了一个读书小组，一章一节地阅读讨论，从中吸取营养、智慧。

毛泽东善于把读“有字之书”同读“无字之书”有机结合。他曾参与组织新民学会会员留法勤工俭学的工作。他自己明明可以留法，但经过反复考虑却做出了不出国的决定。他认为，留在国内学，研读中国国情这部“无字之书”，对实现他改造中国的本领“更有利”。后来事实证明，他的选择是正确的。正是因为他对中国国情的深入了解，能把学到的马克思主义基本原理同中国实际很好地结合起来，从而探索开创了中国式革命道路。

总之，成就毛泽东伟业的因素很多，读书不失为重要原因之一。他的读书艺术和方法是留给我们的宝贵精神财富。

管理案例：鲁迅读书法

多翻法——鲁迅先生说：“在手中，不管它是什么，总要拿来翻一下，或看一遍序言，或者读几页内容。”书并不是放在橱柜中了事，更不能写上自己的姓名就算拥有了。书是要读的，不管它是什么书，开卷有益。

跳读法——鲁迅先生说：“若是碰到疑问而只看那个地方，那么无论多久都不会懂。所以跳过去，再向前进，于是连以前的地方都明白了。”读书，谁都会遇到不懂的地方，如果固执于一点，一味地死抠一字一句、钻牛角尖，那么，就会因一叶障目而不见泰山，甚至连这障目的“一叶”也弄不明白了。晋代大诗人陶渊明说过：“好读书，不求甚解；每有会意，便欣然忘食。”

选读法——鲁迅先生说：“倘要看文艺作品，则先看几种名家的选本，从中觉得作品最爱看，然后再看这一作者的专集；倘要知道得更详细，就看一两本这个人的传记，那便可以大略了解了。”

背书法——鲁迅的背书方法与众不同，他制作了一张小巧精美的书签，上面写有“读书三到，心到、眼到、口到”10个工整小楷字。他把书签夹到书里面，每读一遍就掩盖住书签上的一个字。读了几遍后，就默诵一会儿，加强记忆。等把书签上的10个小楷字都盖完，也就把全书背下来了。

读书务必循序渐进，一书已熟，方读一书，勿得鲁莽躐等，虽多无益。

读书三到

——心到、眼到、口到

【说成语】

读书三到

释义 指读书的三大要领。

出处 南宋·朱熹《朱子家训》：“余尝谓读书有三到，谓心到、眼到、口到。心不在此，则眼不看仔细，心眼既不专一，却只漫浪诵读，决不能记，记亦不能久也。三到之中，心到最紧。心既到矣，眼口岂不到乎？”

朱熹“读书三到”

人有愚智之别，读书亦有真妄之异，不同的人读同样的一本书，感受领会有可能天差地别。怎样才能最大程度地领悟到书中的精义，学为己用呢？南宋著名的理学家、思想家、哲学家、教育家朱熹教人读书，有“心到、眼到、口到”三法。

“眼到”是指读书的时候要认真仔细。不少人读书追求快速，以一目十行、过目成诵为能事。但是，读书亦有要领，并非是一味求快，须边读边认清书中的真正意旨，方才能够应用所学。否则，即使书看得再快，纵然把文章读得倒背如流，却不知用处，也是涉宝山而空回，毫无收获。清人阮元有一段名言："世人每矜一目十行之才，余哂之，夫必十目一行，始是真能读书也。"他认为一目十行地读书，其实是没有把书真正地读进去，过后不久就忘了，须十眼看一行书，细读慢品，才是最佳的读书之法。

朱熹也阐述过类似的理念："读书须细看得意思通融后，都不见注解，但见有正经几个字在，方好。"意为读书要懂得消化吸收，形成自己的理解，一眼看去，无须再经书中的注释，就能从字面上理解其中的义理，方才是读书的深奥境界。这就是"眼到"。

"口到"是指通过反复诵读，将书中的章句和意旨牢记于心，随着学养的加深，到了应用之时就可以做到挥洒自如，游刃有余。《高斋漫录》载，苏轼少年时，张方平有一次问苏明允（苏洵，苏轼的父亲）："令郎苏轼最近在看什么书？"苏明允答道："他最近正在重读《汉书》。"张方平百思莫解，不明白苏轼为何要重读史籍。苏轼听说后，笑着说："这已是我第三次重读《汉书》了。"

正是苏轼平时用功不辍，手不释卷，才有他日后的天才发挥。《爱日斋丛钞》载，苏轼还在家乡四川眉山的时候，眉山有个叫刘巨的老师，开馆讲学，门下的学生有上百人。苏明允让两个儿子苏轼、苏辙也前往求学。有一次，刘巨吟诵自己的新作《鹭鸶诗》，末尾两句为："渔人忽惊起，雪片逐风斜。"苏轼在一旁插言道："先生的诗固然佳妙，但我认为结句没有收好，若是改为'雪片落蒹葭'可能更好一些。"刘巨沉吟再三，觉得果真如此，遂惭愧地说："我不配做你的老师。"

"心到"是读书过程最为重要的环节，指读书时随之而思考，进一步推求文章的立意和用心所在，由此晓悟贯通，心融神会。但是，也要避免过于执着书本所说，泥于成规或前人的说法，而不知道根据具体情况加以变通。《诚斋诗话》载，苏轼考取进士时，欧阳修为考官，因不知苏轼文中的一个典故出自何处，就亲自来问。得知苏轼是由古书的典例，根据自己的想象而杜撰，于是判定，如此善读活用之人，他日文章必将独步天下。事实果不其然，后苏轼以文名天下，成为一代文豪。

【话管理】

管理要旨：读书三境

刘源在《光明日报》撰文认为，真正读书有成者，必经三种境界，那就是：过客不须频问姓，读书声里是吾家；开卷古人都在目，闭门晴雨不关心；不是老夫朝不食，半山绝句当早餐。

过客不须频问姓，读书声里是吾家——以读书为乐，将读书世家引为自豪，此乃第一境也。读书有成，源于对书的挚爱。一旦与书结下情缘，便会“蹉跎莫遣韶光老，人生唯有读书好”，以读书为人生第一快事。世人把读书引为自豪，有两个原因：一是对读书情有独钟，二是对读书意境痴迷沉醉。“官事归来衣雪埋，儿童灯火小茅斋。人家不必论贫富，惟有读书声最佳。”诗人翁承赞把点点夜读的灯火看成世上最美的风景，把节奏明快的书声当成人间最美的音乐，爱书爱读之情溢于字里行间。在爱书人看来，不管苦苦攻读是否能够富贵满堂，不管诗书满腹是否能够功成名就，只要一盏灯、一卷书，便拥有了世间真正的洒脱。

开卷古人都在目，闭门晴雨不关心——一旦书卷开启，便四大皆空，心中仅存圣贤，此乃第二境也。大凡入此境者，对书已不是一般的喜爱，而是以书为友，嗜书如命，是典型的“书迷”。读书人之所以成为书迷，一则是读书读出了味道，二则是读书读出了感情。例如，“前后出师遗表在，令人一览泪沾襟”，白居易读《出师表》不仅读出了其中真情，而且引起了情感共鸣，在内心掀起了情感波澜，此时人书合一，沉浸在书中的情感世界不能自拔，达到了物我两忘的境界。又如，“最是寒窗书味永，雁声虫语伴晨昏”，作者认为世上最好的东西，唯书而已，只有书值得他永久品味。“一日不读书，胸臆无佳想”“一日不读书，如作负心事”，清代的萧抡、袁枚是典型的书迷，一旦书不在手，便心中空空，百无聊赖，甚至有负疚之感，书已经成了他们生活中不可或缺的一部分。“得剑乍如添健仆，亡书久似失良朋”“书卷多情似故人，晨昏忧乐每相亲”，司空图、于谦直接把书当成了良朋挚友，不可一日不亲。更有甚者，近代的郑珍爱书爱到极点，视书如子：“烘书之情何所似，有如老翁抚病子”，这样的比喻读来让人动容、感叹。金圣叹也可算是书迷中的书迷。他钟情于评“六才子书”，在冤狱斩刑之前，先后给族兄金昌、独子金雍以及天下知音写了三首《绝命词》，以一个“书”字贯穿，一唱三叹，表达了对书的无限深情。

不是老夫朝不食，半山绝句当早餐——不是老夫本来就有不吃早餐的习惯，而是姑且把王安石的诗句当作了早餐。读书读到痴狂忘我的程度，此乃第三境也。大凡入此境者，对书的感情不是一般的迷恋，而是如醉如痴、似狂若癫，世人谓之“书痴”。“书痴”可分为三大类。一是苦读类。如白居易“把君诗卷灯前读，诗尽灯残天未明”、袁枚“寒夜读书未却眼，锦衾香烬炉无烟”，都是苦读的写照。他们一接触书便两耳不闻窗外事，不避筋骨僵痛，不管日落月升，只愿一直读下去。二是忘我类，如郁植“冬日不炉夏不扇，坐穿一榻破万卷”读书读到忘暑、忘寒、忘苦、忘忧、忘食、忘我的境地，不痴而何？三是癫狂类。陆游是古代有名的书痴，他在诗中反复咏叹：“客来不怕笑书痴，终胜牙签新未触。”无独有偶，现代著名的文学家郁达夫一生爱书，“忠贞”不二，“来生缘分如能结，烛影刀声又若何”，他用自己的行动把“书痴”刻画得惟妙惟肖。

书是人类进步的阶梯。“问渠哪得清如许，为有源头活水来”。如果不是从书籍的宝库中挖掘财富，不是从历史的长河中汲取营养，哪来社会的发展、人类的进步？在科学技术高度发达的今天，书的类型越来越多，书的外延越来越广，书的内容越来越丰富，读书的作用也越来越大。然而，当今世上追求藏书时尚者颇多，毕生致力于阅读者甚少。走马观花借书纳闲者俯拾皆是，真正品出书味、读出书情者寥寥无几。愿读书的潮流滚滚不息，愿读书的种子茁壮成长，愿真正的读书人越来越多，更愿“书迷”“书痴”的队伍日渐壮大、继往开来。

管理案例：读书四忌

清史专家阎崇年先生指出，读书有“四忌”：一忌不选择；二忌不定时；三忌不消化；四忌不践行。

一忌不选择。据统计，中国图书品种数量居世界第一位，仅2013年就出版了四十万种图书。仅就图书目录每本按书名、作者或译者、出版社、出版年月、图书分类、提要等一百字来计算，约四千万字，每本书若四十万字，需要一百本，我们光看目录也看不过来，怎能不选择呢！

怎样选择？一个方法是照“书目”读书。当年，陈垣先生向我们推荐清末洋务派首领、著名学者张之洞的《书目答问》，要我们根据其推荐的书目来选择书读。而《书目答问》所选的书目有两千四百九十三种，张之洞其意虽好，却不切实际。所以，不仅对所读的书要选择，而且对推荐的书也要选择。

有人认为读书不必选择，开卷有益，碰到什么书，就读什么书。但更多人的读书经验都是读书要选择。利用较少、宝贵的时间，获取更多、有益的知识，这就要求选择图书来读。

具体如何选择呢？如经，先读《十三经》和《四书》中的《大学》。原因何在？读《大学》同读《十三经》比较来说，先读《大学》的好处是：第一，字数最少。如今大家都很忙，字数少，就容易卒读。第二，文字通俗。《大学》在儒家经典中是最为通俗易读的书。第三，内容精粹。全书分作“三纲”即“明明德”“亲民”“止于至善”九个字；“八目”即“诚意、正心、格物、致知、修身、齐家、治国、平天下”十七个字，总计才二十六个字，浓缩了儒家经典的精华。如史，读“四名”，即名人如司马迁、名著如《史记》、名篇如《太史公自序》、名句如“究天人之际，通古今之变，成一家之言”。如子，《老子》五千言。如集，喜欢屈原读《离骚》，喜欢唐诗读李白等。每年如果只读一本文学书的话，就读诺贝尔文学奖的作品。

二忌不定时。读书要定时间、定制度，才能持之以恒。我们一日三餐能够坚持，除肚子饿的因素外，大体定时，家家如此，已成制度，才能坚持。读书也是一样。

早上读书如康熙。康熙帝是个喜爱读书的皇帝，数十年如一日，手不释卷。他说："朕自幼好看书，今虽年高，万几之暇，犹手不释卷。诚以天下事繁，日有万几，为君者一身处九重之内，所知岂能尽乎？时常看书知古人事，庶可以寡过。故朕理天下事五十余年无甚差忒者，亦看书益也。"（玄烨《庭训格言》）他在很长一段时间，早寅时（寅正四时）起，大约读一个时辰的书。卯时（卯正六时），吃早餐，做上朝准备。辰时（辰正八时）上朝御门听政。这样，每天早上的读书基本定时，形成制度，这就有了时间上的保证。

晚间读书如赵普。赵普勤读书，善读书，定时间，有制度。宋制，宰相以未时（未正下午二时）下朝归第。赵普回家后主要是读书。《宋史·赵普传》记载："普少习吏事，寡学术，及为相，太祖常劝以读书。晚年手不释卷，每归私第，阖户启箧取书，读之竟日。及次日临政，处决如流。既薨，家人发箧视之，则《论语》二十篇也。"《宋史》本传评论道："家人见其断国大议，闭门观书，取决方册，他日窃视，乃《鲁论》耳。昔傅说告商高宗曰：学于古训乃有获，事不师古，以克永世，匪说攸闻。"意思是，官员治国，重在读书，学习历史经验，借鉴历史教训，增加智慧，自身醇正，有益治国。

周末读书的人更多。许多人平时很忙，利用周末，或半天，或一天，集中读书。这也是一种好办法。

三忌不消化。读书的一个大忌是食而不化。这如同吃饭，吃得虽然很多、很好，但吃了之后不消化，也不吸收，不是等于白吃了吗？如果在脑子里存储大量没有消化、没有吸收的知识，那还不如把知识储存在电脑的硬盘或者 U 盘里。一个移动硬盘，可以原样保存，既不出差错，也不会丢失。我们读书不是为了存储知识，而是一为知识，二为智慧，三为顿悟，四为圆通。因此，死读书，读死书，读书死，这种案例，史不绝书，应以为戒。

四忌不践行。读书要知行合一，学以致用。古人云："一语不能践，万卷徒空虚。"

读书三余

——学习需要“挤”和“钻”

【说成语】

读书三余

释义 余：冬者岁之余，夜者日之余，阴雨者晴之余。指读好书要抓紧一切闲余时间。

出处 《三国志·魏志·董遇传》注，引《魏略》云：“人有从学者，……从学者云，苦渴无日。遇言：‘当以三余。’或问‘三余’之意。遇言：‘冬者岁之余，夜者日之余，阴雨者晴之余。’”

读书“三余”与读书“四季”

三国时魏人董遇，字季直，为人朴实敦厚，从小喜欢学习。兴平年间（194～195年），关中李傕等人作乱，他与哥哥季中便投奔到段煨将军处。他们经常上山打柴背回卖钱（维持生活），每次上山打柴时董遇都带着书，有空闲就拿出书诵读，哥哥讥笑他，但他照样读书。

董遇对《老子》很有研究，为它作了注释；对《左氏传》也下过功夫，根据研究心得写成了《朱墨别异》。附近的读书人请他讲学，他不肯教，却对人家说：“读书一定要先读百遍。”又说：“书读百遍，其义自见。”请教的人说：“只是苦于没有时间。”董遇说：“应当用‘三余’时间。”有人问“三余”是什么，董遇说：“冬天没农活是一年里的空闲时间，夜间不便下地干活是一天里的空闲时间，阴雨天无法干活也是一种空闲时间。”

明人陈继儒辑录的《小窗幽记》中说：“春夜宜苦吟，宜焚香读书，宜与老僧说法，以销艳思。夏夜宜闲谈，宜临水枯坐，宜听松声冷韵，以涤烦襟。秋夜宜豪游，宜访快士，宜谈兵说剑，以除萧瑟。冬夜宜茗战，宜酌酒说《三国》《水浒》《金瓶梅》诸集，宜箸竹肉，以破孤岑。”意思是，春夜适合苦吟诗书、焚香读书，还有和老和尚谈论佛法，来消除内心美艳的情思；夏天适合闲谈，适合水边静坐，听松涛声奏出的清冷韵律，来消除内心的烦闷；秋天的晚上适合开怀游玩，拜访爽快的人，谈论兵法、剑术，消除萧瑟的感觉；冬天的晚上适合斗茶，一边喝酒一边说《三国》《水浒》《金瓶梅》等，用竹菌来佐食，以打破孤独和寂寞。

【话管理】

管理要旨：毛泽东教我们如何读书

毛泽东从青少年时代起就酷爱读书，一直到他生命的最后一天。毛泽东曾经说过：“我一生最大的爱好是读书，饭可以一日不吃，觉可以一日不睡，书不可以一日不读。”他能够达到这样一种境界，就是因为把读书学习当作了一种基本的生活需要，正如人要天天吃饭一样不可或缺。对他来说，读书学习的过程就是一个开展工作、享受快乐的过程。毛泽东逝世以后，中央有关方面人员将他生前读过的书和他住地书房的存书进行了登记和统计，合计有近10万册。这还不算他在革命战争年代遗失了的藏书。关于读书学习，毛泽东以切身体会强调以下两个方面。

一是读书要下苦功夫。

1957年10月9日，毛泽东在中国共产党第八届中央委员会第三次扩大会议上的讲话中指出：“我们要振作精神，下苦功学习。下苦功，三个字，一个叫下，一个叫苦，一个叫功，一定要振作精神，下苦功。我们现在有许多同志不下苦功，有些同志把工作以外的剩余精力主要放在打纸牌、打麻将、跳舞这些方面，我看不好，应当把工作以外的剩余精力主要放在学习上，养成学习的习惯。”

毛泽东一生与书为伴，走到哪里，把书带到哪里，几乎每天都要坚持读书。革命战争年代如此，社会主义建设时期亦如此。直到 20 世纪 70 年代，他疾病缠身，甚至在生命进入抢救状态、弥留之际，仍然以惊人的毅力坚持读书学习。1939 年，他 46 岁的时候曾说过：“年老的也要学。我如果再过 10 年就死了，那么就要学 9 年零 359 日。”毛泽东实践了自己的诺言，直到 1976 年病危的时候，也没有中止读书。他最后读书的时间，根据当年有关的记录是 1976 年 9 月 8 日晨，也就是在他临终前一天的 5 时 50 分，那是在他全身布满多种监护仪器的情况下，读了 7 分钟。毛泽东辞世的那一刻，也就是他读书生活结束的时刻。

二是读书要“挤”和“钻”。

工作忙，没有时间读书；看不懂，没有兴趣读书。这是不能坚持读书和不爱读书的人常说的两个理由。

早在 1939 年 5 月 20 日，毛泽东在延安在职干部教育动员大会上的讲话中针对这两个问题就说过，“没有功夫”这已成为不要学习的理论、躲懒的根据了。共产党员不学习理论是不对的。有问题就要想法子解决，这才是共产党员的真精神。在忙的中间，想一个法子，叫做“挤”，用“挤”来对付忙。好比木匠师傅钉一个钉子到木头上，就可以挂衣裳了，这就是木匠向木头一“挤”，木头让了步，才成功的。自从木头让步以来，多少木头钉上钉子，把看不见的纤维细孔“挤”出这样大的窟窿来，可见“挤”是一个好办法。我们现在工作忙得很，也可以叫它让让步，就用“挤”的法子，在每天工作、吃饭、休息中间，挤出两个小时来学习。爱因斯坦有句名言：“人的差异在于业余时间。”8 小时之外，是一个弹性的空间，谁把握得好，利用得好，谁就会不断丰富自己、增长才干。

另一个问题是看不懂。毛泽东指出，这种情形的确存在，有的同志“宁可挑大粪，不愿意学理论”。看不懂也有办法，叫做“钻”，如木匠钻木头一样地“钻”进去。看不懂的东西我们不要怕，就用“钻”来对付。现在有些人是不取攻势只取守势，那就不对，不攻是得不到结果的。他还说，正面搞不通，可以从旁的方面着手，如打仗一样，顽强的敌人，正面攻不下，就用旁袭侧击，四面包围，把它孤立起来，这样就容易把它攻下。学习也是一样，正面的东西一时看不懂，就从旁的东西看起，先打下基础，就可以一点一点地搞通正面的东西。

毛泽东最后总结说：工作忙就要“挤”，看不懂就要“钻”，用这两个法子来对付它，学习是一定可以获胜的。毛泽东是这样要求我们的共产党员和各级领导干部的，他自己也一直是这样做的。

管理案例：培根和柯勒律治读书法

培根是英国16世纪至17世纪的著名哲学家。著有《新工具》《论科学的价值和发展》《论古人的智慧》《论说文集》。他除了在人类哲学史上有巨大影响之外，对于神学、文学、法律以及自然科学都有研究，曾担任英国女王的特别法律顾问、大法官和上议院议长等职。他之所以如此博学和有作为，与他本人的勤奋好学和合理的读书方法密不可分。

培根认为，“读书的目的是为了认识事物原理……为了寻找真理，启迪智慧”。他告诫人们读书时应注意的三个方面。

第一，读书不宜太慢。培根认为“读书太慢会弛惰”。因此，他希望人们读书应思想敏锐，注意力集中，不要过慢，这样才容易生效。

第二，不要装模作样。培根认为“为装潢而读书是欺人”。

第三，不要照搬书本。培根认为“只按照书本办事是呆子”。也就是我们通常所说的“书呆子”，他们最明显的特点是书上怎么说便怎么办，一点也不知变通或灵活使用。

既然如此，培根又提倡什么样的读书方法？究竟如何读书才算是合理的呢？归纳起来，主要有三点。

第一，对于不同的书，可采取不同的阅读方法。他认为“书籍好比食品，有些只需浅尝，有些可以吞咽。只有少数需要仔细咀嚼，慢慢品味”。所以，有的书只要读其中一部分，有的书只需知其中梗概，而对于少数好书，则要通读，细读，反复读。

第二，对不同的书可作不同的选择。由于古今中外的书浩如烟海，它们的类别和内容各不相同，在此情况下，培根认为可以根据自己的需要和知识结构加以适当选择。在他看来，“读史使人明智，读诗使人聪慧，演算使人精密，哲理使人深刻，道德使人高尚，逻辑修辞使人善辩”。

第三，光读书求学问还不行，还得运用和实践。培根是个非常聪明、有智慧的人，不单纯是个学者，还涉足政坛，参与政治，曾任英国女王的掌玺大臣，因此，他一直注意并强调书本知识的运用和书本知识与实践经验的结合。他说：“学问虽能指引方向，但往往流于浅泛，必须依靠经验才能扎下根基。”

为了使人进一步理解他所说的意思，他又将几种人的情况加以比较说：“狡诈者轻鄙学问，愚鲁者羡慕学问，聪明者则运用学问。知识本身并没有告诉人怎样运用它，运用的智慧在于书本之外。这是技艺，不体验就学不到。”

另一位英国文学家、思想家、诗人玛利·柯勒律治（Mary Coleridge，1861～1907年）认为，看书有四种类型：

第一种是海绵型，读书的时候他可以把看到的内容全部吸收，然后又几乎原样吐出来，当然有点荒腔走板，可是基本上能够消化吸收。

第二种是沙漏型，过去用沙漏计算时间，倒转过来沙子会全部漏光，换句话说，他看了和没看一样，一无所获，只消磨了时间而已。

第三种是滤袋型，精华的部分全漏走了，剩下的都是糟粕。

第四种是大宝石型，他读书不但自己能够得到好处，还能把这个好处传播出去，使别人也受益。这种读者很稀少，很难得。

读万卷书，行万里路

——向书本和实践学习

【说成语】

读万卷书，行万里路

释义 形容多读书使自己学问渊博，多实践使自己见多识广。

出处 明·董其昌《画旨》："读万卷书，行万里路，胸中脱去尘浊，自然丘壑内营立成鄄鄂。随手写去，皆为山水传神。"清·梁绍壬《两般秋雨庵随笔》卷五："《眼镜铭》：读万卷书，行万里路，有耀自他，我得其助。"

读书万卷与师法自然

明·董其昌《画旨》论曰："画家六法，一曰'气韵生动'。'气韵'不可学，此生而知之，自然天授。然亦有学得处，读万卷书，行万里路，胸中脱去尘浊，自然丘壑内营，立成鄄鄂。随手写去，皆为山水传神。"

董其昌认为，对画家而言，气韵生动是生而知之的，不可后学，但可以后天补之，即读万卷书，行万里路，胸中脱去俗气，这样画出的山水才能使其传神。

【话管理】

管理要旨：读“有字之书”与研“无字之书”

清代钱泳的《履园丛话》中说：“读万卷书，行万里路，二者不可偏废。”古人都把“读万卷书，行万里路”作为一种境界，一种追求。它概括了每个人获得真知的途径，强调了读书领悟和亲身实践的关联，二者都能使人开阔眼界，增长知识和潜质。把“读书”与“行路”关联作个比喻：“读万卷书”好比人们透过一个窗口看到了知识和潜质的金山，但要想真正得到知识和潜质这个金山，还要靠走出门去“行万里路”。读书与行路是相辅相成的，读书是静态的知识学习，行路是动态的实践学习，书中知识有限，只有理论与实践相结合，才有助于提升人的综合素质和创业能力。

学习是一次读万卷书、行万里路的远征，重在知行合一、学以致用。古之圣贤，今之精英，对于学习归结起来不外乎两种方法。其一就是读万卷书，学“有字之书”以增知。这是知识学问的博览。徜徉于“有字之书”的海洋，知为人正道，知为学艰辛，知古今沧桑。如孔子读《易》韦编三绝、匡衡凿壁借光的美谈千古传颂；毛泽东一生博览群书、手不释卷，周恩来亲身躬行活到老、学到老。

黑格尔说，熟知非真知。那么怎样才能“真知”呢？这就是学习的第二法，行万里路，习“无字之书”以增智，并在实践中检验所学、运用所知，为人类、为社会创造财富。这是实践经验的积累。习近平总书记曾强调指出：“学习的目的全在于运用。”学“无字之书”，就是向实践学习，向大众学习，知行合一，把“知道”变成“做到”。物有甘苦，尝之者识；道有夷险，履之者知。只有切己体察，身体力行，有了丰富的人生经历之后，才能把书中的知识转化为智慧和能力。

“读万卷书”和“行万里路”，是人生不可或缺的两个重要组成部分。读万卷书不能代替行万里路，行万里路也不能够代替读万卷书。读万卷书是知识，行万里路是见识。知识是智慧的前提和必要，从知识走向智慧，需要行万里路，将这两个方面的完美结合，知行合一，人生才能进入较高的境界。

管理案例：徐霞客读书行路写游记

纵观历史上杰出的人物，如诗人李白、杜甫和地理学家徐霞客等，都是从小博览群书，积累了丰富的知识以后，再去行万里路的。他们都作出了杰出的贡献，留下了不朽的篇章，留下了宝贵的精神财富。

徐霞客幼年受父亲影响，喜爱读历史、地理和探险、游记之类的书籍。这些书籍使他从小就钟爱祖国的壮丽河山，立志要遍游名山大川。15岁那年，他应过一回童子试，没有考取。父亲见儿子无意功名，也不再勉强，就鼓励他博览群书，做一个有学问的人。徐霞客的祖上修筑了一座万卷楼来藏书，这给徐霞客博览群书创造了很好的条件。他读书十分认真，凡是读过的资料，别人问起，他都能记得。家里的藏书不能满足他的需要，他还到处搜集没有见到过的书籍。他只要看到好书，即使没带钱，也要脱掉身上的衣服去换书。

徐霞客19岁时，父亲病故。三年服孝期满，徐霞客萌发了外出游历的想法，而贤德的母亲也认为好男儿志在四方，不愿意自己的儿子像篱笆里圈着的小鸡，车辕上套着的小马一样，被束缚而没有见识和出息，便对徐霞客的决定给予了极大的支持和鼓励。年轻的徐霞客最终告别书斋生活，挣脱了仕途功名的束缚，开始实现儿时的梦想。他从22岁就开始外出旅游，历经34年，直到生命结束。他先后游历了大半个中国，最后完成了在地理学和文学上都卓有价值的《徐霞客游记》。

读书破万卷，下笔如有神

——天下第一等好事

【说成语】

读书破万卷，下笔如有神

释义 破：突破；卷：书籍册数。形容博览群书，把书读透，这样落实到笔下，运用起来就会得心应手。

出处 唐·杜甫《奉赠韦左丞文二十韵》：“读书破万卷，下笔如有神。”

读书“三破”

“读书破万卷，下笔如有神”是唐代大诗人杜甫的名句。后人对这两句诗作过不同的解释。清代仇兆鳌的《杜诗详注》对于“读书破万卷”中的“破”字举有三说，一曰：“胸罗万卷，故左右逢源而下笔有神”。二曰：“书破，犹韦编三绝之意。盖熟读则卷易磨也”。三曰：“识破万卷之理”。这三说，集中地反映了对“破”字的不同理解。概括起来就是：突破、磨破、识破。

所谓“突破”，即多读而“胸罗万卷”，就是说要博览群书。汉代思想家王充说：“人不博览者，不闻古今，不见事类，不知然否，犹目盲耳聋鼻痈者也。”古今中外，任何一个有杰出成就的学者大家，无一不是勤奋好学、博览群书者。王充本人一生读书近一万三千卷，“博通众流百家之言”，所以他才能写出《论衡》这部伟大著作。

所谓“磨破”，即熟读而致“书破”。孔子晚年读《周易》，竟使编联竹简的牛皮绳多次磨断，即所谓“韦编三绝”。根据实际需要，选出一部分书籍反复阅读，深入理解，加深记忆，这是行之有效的读书方法。苏东坡有诗云：“故书不厌百回读，熟读深思子自知。”这是经验之谈。有书不读，束之高阁，书无异于废纸；读书囫囵吞枣，一览而过，“按册子便在，掩了册子便忘”，读得再多又有何益？

所谓“识破”，即精读而透彻理解书中之理。精读，一要抓住重点，宁精勿杂；二要深入钻研，务求精通。“书富如海，百货皆有，人之精力，不能兼收尽取”，所以读书要善于选择，取其精华，不可滥读。选好了重点，确定了主攻方向，就要深入、刻苦地钻研，直到真正弄懂弄通为止。宋代哲学家陆九渊说：“学必无所蔽而后可”。意思是说，学习一定要达到没有迷惑不解的地步才可以。如果读书不注意识理，漫无目的，一味多读，必然如郑板桥所说：“读书破万卷，胸中无适主。”

【话管理】

管理要旨：阅读与写作

明人陈继儒在《小窗幽记》中说：“人生有书可读，有暇得读，又涵养之如不识字人，是谓善读书者，享世间清福，未有过于此也。”“余尝净一室，置一几，陈几种快意书，放一本旧法帖。古鼎焚香，素麈挥尘，意思小倦，暂休竹榻。饷时而起，则啜苦茗。信手写汉书几行，随意观古画数幅。心目间觉洒灵空，面上俗尘当亦扑去三寸。”意思是，地不必宽广，一间小屋而已，物质生活也不必奢侈，一张小桌子就足够了。随意摆上几本喜欢的书，放上几本喜欢的帖，便足以安顿我们浮躁的心灵。

据说，清代嘉庆年间，礼部尚书姚文田也为书房自题一副对联曰：“世间数百年旧家无非积德，天下第一件好事还是读书”。

阅读与写作是需要不断探讨的一个永恒主题，也是人们一个说不完的话题。两者虽说关系密切，但它并非针对所有人。因为阅读是人类十分广泛的一种日常文化生活，凡是具有一定文化水平的人都会阅读；写作却只是极少数人从事的一种脑力劳动。因此，阅读与写作对于绝大多数人说来，并无必然联系。

首先，阅读，在人类文化史上的作用，是社会历史发展的客观需要。因为“人不光靠他生来就拥有的一切，而是靠他从学习中所得到的一切来造就自己”（歌德《生活与性格》）。因为，如果“没有对知识的渴求，就不可能有完美的精神生活，从而也就不会有创造性的劳动生活”（苏霍姆林斯基《给教师的建议》）。而“学习”和“对知识的渴求”则只有通过图书阅读才能实现。人类文明从古至今，无论自然科学、社会科学或文学艺术的产生与发展，无一不是跟随社会生产力的提高而进步的，人们对其熟悉、掌握无一不是通过阅读而获得的。就每个个体而言，人生有限，图书无数，人的一生究竟能读、应读多少书、哪些书？先人说，一个人穷其一生最多只能读两千册书。

“所有的书都可以分为两大类：只供一时所读的书和可供一切世代阅读的书”（约翰·罗斯基《芝麻与百合》），“唯有那些凭其自身思索而写作的作者的著述才值得一读”（叔本华《意欲与人生之间的痛苦》），因为“读书是在别人思想帮助下，建立起自己的思想”（尼古拉·鲁巴金），因此，在阅读中唤醒我们自己的艺术天赋，建立起我们自己的思想，便成为读书的第一要务了。笛卡儿说：“我自幼就受到典籍的教育，因为我听信了人们的话，认为靠读书就可以对一切有益于人生的东西得到一种明白而可靠的知识，……我努力求学并没有得到别的好处，只不过是越来越发觉自己的无知。”（《方法论》）然而，笛卡儿正是用这种“无知”批判了经院哲学，建立起自己的哲学体系，成为西方近代哲学创始人之一。萧伯纳说：“你有一个苹果，我也有一个苹果，而我们彼此交换这些苹果，那么你和我仍然是各有一个苹果。但是，倘若你有一种思想，我也有一种思想，而我们彼此交换这些思想，那么我们每人将有两种思想了。”这种交换除了有限的面对面交流外，更主要的是阅读的交流。特别是阅读经典可以使人们跨越时空、国籍、时代，同高尚的人进行思想交流。

其次，写作在科学技术、文学艺术发展中的作用，同样至关重要。虽然历代自然科学、社会科学、文学艺术所反映的丰硕内容都是一定社会历史时期人们社会实践的成果，但从事这些事业的写作者却总是个人。他们著书立说，体现了人类社会实践的集体智慧创造。史实说明，后人毫无例外地总是在先人著述基础之上继承、发展、创造出新的科学著作和文学艺术。布特列洛夫说："要从事创造，要有所前进，就必须详尽无遗地熟知前人走过的曲折复杂的道路。要找到新途径，就必须对过去的理论、成功和失败有所了解。"他的《化学结构与取代理论》正是他一生读书与写作的结晶。因此他成为化学结构理论创始人和俄国19世纪著名化学家。杜甫"读书破万卷，下笔如有神"、苏轼"旧书不厌百回读，熟读深思子自知"、陈思道"胸中历历著千年，笔下源源赴百川"等都说明阅读在写作中的巨大作用，以及人类文化财富中继承与创新的辩证关系。读书使人的头脑充实，写作则使知识精确。而今，对于科学家、作家、教师、语言文字工作者来说，阅读与写作是不是应当始终成为他们的一门必修课呢?

管理案例：李敖看书——"大卸八块，五马分尸"

李敖四十几岁的时候，香港报评价他："李敖很可能是50岁以下的当代中国人之中，读书最多又最有文采的人。"对此，李敖很是自负。为什么李敖读了这么多书，并且有这么多时间来读书？他在《深夜十堂》一书中自述说：

最重要的一个原因是年轻时坐牢，一年一年这样坐牢，在牢里绝大部分时间一个人过，什么事没有，整天看书。所以坐牢奠定了我看书比别人多的基础。

我看书很少会忘的原因是我的方法好。什么方法？"心狠手辣"，看的时候剪刀、美工刀全部出动，把这本书"五马分尸"。好比这一页或这一段有我需要的资料，我就把它切下来。背面怎么办？背面内容复印出来，或者一开始就买两本书，两本都切开。结果一本书看完了，这本书也被我"分尸"分掉了。

现在我看书以不复印为原则，因为复印很花时间，基本上我是一开始就买两本，看的时候按照正背面把它切下，虽然比较费钱，可是节省时间。切下来的资料怎么分类呢？我有很多夹子，在上面写上字就表示分类了，好比我写“北京大学”，夹进去的就全部是北京大学的资料。我不断用这种夹子分类，可以分出多少类呢？几千个类来，分得很细很细。

换句话说，一本书被我“大卸八块”“五马分尸”完，我并不凭记忆力去记它，而是用很细致的分类方法，很有耐心地把它钩住，放在资料夹里，这样我就把书里面的精华逮到了，你这个资料跑不掉了。

有人说你李敖知道那么多，博闻强记，一定是记忆力好。其实，不是我记忆力好，而是我的读书方法好。读书时你就不能偷懒，不能舒舒服服地躺在那儿看书，看完这本书以后纸上还干干净净、整整齐齐的。不对！这本书要“大卸八块”“五马分尸”，进入我的资料夹以后才算真的看完了。如果一本书看完以后还是新的，不算看过，当时是看过，可是浪费了，你不能够有系统地逮住书里的这些资料。可是照我这个方法，可以把你看过的书的精华全都抓出来扣在一起。这就是我的读书法，看起来笨笨的，可事实上是我的科学方法。

学以致用

——干中学，学中干

【说成语】

学以致用

释义 以：连词，表示“致用”是“学”的目的；致：达到；致用：付诸实用。为了实际应用而学习，所学知识要达到为实际所应用的目的。

出处 李新《为有源头活水来》：“要结合实际工作和革命斗争的需要来学，学以致用，并且勤学苦学。”

哲学家与船夫的对话

有一则故事，讲的是一个哲学家与一个船夫之间进行的经典对话。“你懂哲学吗?”“不懂。”“那你至少失去了一半的生命。”“你懂数学吗?”“不懂。”“那你失去了百分之八十的生命。”忽然，一个巨浪把船打翻了，哲学家和船夫都掉到了水里。看着哲学家在水中胡乱挣扎，船夫问哲学家：“你会游泳吗?”“不……会……”“那你就失去了百分之百的生命。”

这则故事就是启示人们要学以致用，要能够有效解决问题，不能一味空对空。

【话管理】

管理要旨：工作学习化、学习工作化

与“学以致用”相联系的，中国近代产生了另一个内涵丰富的政治概念“经世致用”。《辞海》解释说，“经世致用”是“明清之际主张学问有益于国家的学术思潮。由此可以给经世致用下一个定义：经世致用就是关注社会现实，面对社会矛盾，并用所学解决社会问题，以求达到国治民安的实效。这一思想体现了中国传统知识分子讲求功利、求实、务实的思想特点以及‘以天下为己任’的情怀。”经世致用思想是孔子所创立的儒家“入世”思想的精髓，也成为中华文明的精髓。

“学者贵于行之，而不贵于知之；贵于有用，而不贵于无用。”这是一千多年前司马光说的。近代著名教育家陶行知的一首诗也讲得通俗明快：“用书如用刀，不快自须磨。呆磨不切菜，何以见婆婆。”对于今天的人们来说，达到学以致用主要有如下两个基本途径：

一是“干中学”“学中干”。毛泽东曾指出：“读书是学习，使用也是学习，而且是更重要的学习。从战争学习战争……常常不是先学好了再

干，而是干好了再学习，干就是学习。”这实际上就是倡导人们要在“干中学”“学中干”。一个人一生中能用于读书、听课的时间毕竟有限，书本上、课堂上的知识并非都能学以致用，或者说并不能回答我们生活、工作中的很多实际问题。绝大多数人常常舍近求远，把学习过于复杂化、神圣化，丢掉触手可及的学习机会，即身边每个工作中的人和事。我们所看、所听、所尝、所触、所嗅、所做都是学习的通道。所以，学习型组织理论强调把工作学习化、学习工作化，也就是“干中学”“学中干”。

所谓“干中学”，就是在实践中学习。现代设计鼻祖包豪斯指出：“‘干中学’提倡的就是实践精神。”“学中干”就是将书本知识、理论知识始终与实践第一线、业务第一线紧密融合。“干中学”“学中干”，就是要打破学习与工作的界限，将二者融为一体，从而利用一切机会最大限度地扩大学习成果，并在第一时间将学习成果应用到工作实践中去。俄国著名文学家契诃夫曾说过：“人应该有三个头脑，一是自然的头脑，二是书本的头脑，还有一个是生活的头脑。”著名教育家陶行知先生说：“行动是老子，知识是儿子，创造是孙子”，并倡导“知行合一”，这些说的都是干与学的关系。

二是干什么学什么、缺什么补什么。不管学什么专业，无论在哪个具体岗位工作，都要坚持干什么学什么、缺什么补什么的原则，有针对性地学习掌握本职工作所需的各种知识，多读与自己本职工作相关、履行岗位职责必备的新理论、新知识、新技能、新规则的书，努力使自己成为所从事工作的行家里手、内行领导。除此之外，还应该把提高科学素养作为自己读书学习的重要目标，通过读书学习进一步树立科学观念、掌握科学方法、弘扬科学精神，不断增加对本职工作的规律性认识，更好地促进我们工作的进步和自身的发展。

学习的知识和技能可以立即运用于工作，工作会给你反复练习、增加自我提高的机会。边学边用，边用边学，知识和技能才会深入到你的头脑，最终演变成你一生的傍身之宝。

管理案例："耕读传家"——曾国藩的两封家书

"耕读文化"，可谓我国特有的文化形式。南北朝以后出现的家教一类书多数都有耕读结合的劝导。在古代的士绅阶层中，其宗族祠堂往往贴着"耕读传家久，诗书济世长"的对联，或者挂起"耕读传家"的匾牌。而那些历史悠久、底蕴深厚、人才辈出的古老家族或者古村落几乎都有这个薪火相传的共同家风。

耕田是本分，可以事稼穑、丰五谷，养家糊口，以此安身立命；读书是乐趣，可以知诗书、达礼义，修身养性，以立高德。所以，"耕读传家"既学做人，又学谋生。这里所说的"读"，当然是读圣贤书，为的可不是做官，是学点"礼义廉耻"的做人道理。因为在古人看来，做人第一，道德至上。在耕作之余，或念几句《四书》，或读几句《三字经》《百家姓》《千字文》，或听老人讲讲历史演义。人们就在这样平平常常的生活中，潜移默化地接受着礼教的熏陶和圣哲先贤的教化。

为什么古人把"耕读"看作是安身立命之本？清康熙年间，扬州人石成金编了一本书叫《传家宝》，里面说："人生在世，唯读书、耕田二事是极要紧者。盖书能读得透彻，则理明于心，做事自不冒昧矣。用力田亩，则养赡有赖，俯仰无虑。若不读书，何以立身、行道、显亲、扬名？若不耕田，何以仰事父母？何以俯畜妻子？"明末清初学者张履祥在《训子语》里说："读而废耕，饥寒交至；耕而废读，礼仪遂亡。"在当时的读书人眼中，"耕"和"读"分别反映了物质和精神两个层面的要求，以"耕"养"读"，两者结合才能拥有一个合理的人生。

"耕读传家"是古代文人的一种生活理想。不过，在现代社会，这种"耕读"相结合的生活方式，早已被忘却了，更多的人是在远离自然的钢筋水泥中闭门苦读。提到"耕读"文化，不妨读一下曾国藩的两封家书。

咸丰四年（1854 年），当时已经官居正二品的曾国藩给老家的兄弟寄去了一封信，信中除了嘘寒问暖，有几句话，今天看来挺有意思——"吾家子侄半耕半读，以守先人之旧，慎无存半点官气。不许坐轿，不许唤人取水添柴等事。其拾柴收粪等事，必须一一为之；插田莳（shì，栽种）

禾等事，亦时时学习之。”临末，又用大白话叮嘱一遍：“子侄除读书外，教之扫屋、抹桌凳、收粪、锄草，是极好之事。”

咸丰十年（1860 年），升任两江总督的一品大员曾国藩在给儿子曾纪泽的信中又说：“昔吾祖星冈公最讲求治家之法，第一起早；第二打扫洁净；第三诚修祭祀；第四善持亲族邻里……此四事之外，于读书、种菜等事尤为刻刻留心。故余近写家信，常常提及书、蔬、鱼、猪四端者，盖祖父相传之家法也。”

曾国藩的先辈世代务农，祖父、父亲都是“耕读”文化的景仰者，在他的家庙神位旁贴着两句话：“敬祖宗一炷清香，毕恭毕敬；教子孙两条正路，宜读宜耕。”曾国藩后来将他祖上的“耕读”生活归纳成八个字——“书、蔬、鱼、猪、早、扫、考（祭祖）、宝（维护亲族和睦）”，也是曾氏家族所谓的“治家八诀”。曾国藩的父亲曾麟书也亲自撰写过一副对联作为家训：“有子孙有田园家风半耕半读，但以箕裘承祖泽；无官守无言责世事不闻不问，且将艰巨付儿曹。”

后来，曾国藩在他祖父的“治家八诀”之上，又提出了以“耕读孝友”既为途径又为目标的治家主张。在曾国藩看来：官宦之家，多只能一代享用，能延续一二代就很少了；商贾之家，勤俭者能延续三四代；耕读之家，谨朴者能延续五六代；孝友之家，则可绵延十代八代。

谈“耕读传家”，为什么要举曾国藩的例子呢？因为和一般老百姓不同，对于像他这样的家庭来说，“耕”的意义，已经不在于满足日常生活所需。之所以在其身居高位后，对子侄依然保持这样的看似严苛的要求，是把“耕”看作是人格修养的一部分，或者说一种家风传承。今天，我们在南方江浙一带的古村落还能看到一些宗谱、族规的祖训，例如，“耕以务本，读以明教”“读可荣身，耕可致富，勿游手好闲，自弃取辱”。

“耕”是我们这个以农业文明为主体的社会里多数人的生存方式，而“读”则为个人提供了价值伦理规范。一般人家，纵有大富小康，若无严谨家训，或者不重视教育，难免出现纨绔膏粱之徒，自然也就难以持久；相反，耕读人家累世以读书相传，并且自营田地，一边知生存之不易，一边知礼法不可缺，一代告知一代，家风相承，少有败家子弟出现。

活学活用

——善于灵活学习与运用

【说成语】

活学活用

释义 指灵活学习，善于运用。

出处 现代成语。

现学现用

美国现代小说家马克·吐温到邻居家借阅一本书。邻居慨然允诺："可以。"立即从书架上取下书来递给马克·吐温。他表示了谢意转身欲走时，邻居叫住了他："且慢。我定了一条规则，在我的图书室借的书，必须当场阅读。"马克·吐温迟疑片刻，不得不坐下来浏览了他急于参考的章节。

一周后，这位邻居向马克·吐温借用割草机。马克·吐温爽快地答应："当然可以，当然可以。"边说边领着邻居去取割草机，当邻居双手去推时，马克·吐温说："我家定了一条规则，这架割草机只能在我家的草地上使用。"

这位邻居愣住了，呆在割草机旁半天才说话："改天再说，改天再说。"

【话管理】

管理要旨：活学活用趣味谈

“活学活用”，在20世纪60年代曾风靡中国大陆，特指马克思主义经典著作的一种学习方法。林彪说：“带着问题学，急用先学，活学活用，立竿见影。”例如，一位老大爷拉车上坡，坡度很陡，载货超重，老人瘦弱，肚中饥饿，道路坑坑洼洼，寒风迎面呼啸，老人战战兢兢，不仅上不了坡，还常常退下来。据林彪的方法，此时只需口中念念有词：“下定决心，不怕牺牲，排除万难，去争取胜利！”（毛泽东语录）车下两个轮子就会像哪吒脚下的两个风火轮，呼的一下就上坡了。

当然，这种不正常年代的神话，现在可以一笑置之。其实，活学活用，不如说是现学现用。这种方法，古今中外，广泛应用。这里，且看几则故事：

故事一：1954年，海明威获得诺贝尔文学奖，一家服装公司想借光推销自己的产品，给他邮寄了一条领带，并附上短信：“我公司出口的领带深受顾客欢迎。现奉上一条，请您试用。盼寄回成本费二元。”

这家公司没有料到仅仅几天便收到了海明威的复函：“我的小说畅销国内外，深受读者喜爱。现奉上一册，请你们阅读。这本书价是二元八角，请你们从中扣除领带费二元，再给我邮寄八角钱来。”

故事二：德国19世纪著名作家台奥多尔·冯达诺在柏林当文学刊物的编辑时，一位青年作者寄来几首匆匆写成的诗，并附上一封短信：“我对标点是不在乎的，如果采用了，请你自己填上标点吧。”

冯达诺看后即将诗稿退回，并附言：“我对诗向来不在乎的，下次请你只寄些标点符号来，诗由我自己来填好了。”

故事三：德国诗人歌德收到一位好朋友的信，超过重量，欠下邮资。拆开信封，里面塞满了废纸，好不容易找出一张短笺，上面写道：“我身体很好，你的呢？”

几天后，这位朋友也收到了歌德寄来的超重欠资的一个大邮包。打开一看，包裹中放着一块石头和一封信："获悉贵体康泰，我心上悬着的这块石头终于落了地。"

故事四：宋朝临安（今杭州）有个叫丘浚的小吏去拜见一位叫释珊的和尚。和尚见他官职小，爱理不理。过了一会儿，有位将军的儿子前来，和尚赶紧出庭远迎，恭敬殷勤。丘浚耐着性子等那位公子走后，询问和尚接待客人为什么如此不同？和尚说："接是不接，不接是接。"丘浚愤而站立，举起拐杖照着秃头猛敲了几下，说："和尚莫怪，打是不打，不打是打。"

以上四则故事有一个共同点：前者和后者的处事方式、语言表达相似，而且后者是从前者那里及时学习，及时运用的。这使我们想起儒家经典《礼记·曲礼上》中的一段话："太上贵德，其次务施报，礼尚往来；往而不来，非礼也；来而不往，亦非礼也。"由此形成成语"礼尚往来"，意指在礼节上注重有来有往，借指用对方对待自己的态度和方式去对待对方。中国还有一句古训："以其人之道，还治其人之身。"其意与上述处世规则大同小异。

管理案例：触类旁通、活学活用的笑话

明人洪应明所编《菜根谭》中说："读书不见圣贤，如铅椠庸（铅椠：铅，铅粉笔；椠，削木为牍。铅椠就代表纸笔）；居官不爱子民，如衣冠盗；讲学不尚躬行，如口头禅；立业不思种德，如眼前花。"其意为：研读诗书却不洞察古代圣贤的思想精髓，只会成为一个写字匠；当官却不爱护黎民百姓，就像一个穿着官服戴着官帽的强盗；讲习学问却不身体力行，就像一个只会口头念经却不通佛理的和尚；创立事业却不考虑积累功德，就像眼前昙花一样会马上凋谢。

所谓"尽信书，不如无书"。固有知识是前人在探索世界以后，总结出的直接经验，对于你而言则是一种间接经验。学习和继承前人的成果，确实可以让我们少走很多弯路，但若想知识真正成为事业的推动器，我们就必须摒除只重理论、不注重实际运用的错误做法。

事实已经证明，科学的进步、技术的革新、社会的发展，就是一个不断提出疑问、解决疑问的过程，即一个从无疑到有疑、从有疑到释疑的过程。人生同样如此，若想推开事业的大门，我们必须要学，但决不能学“死”，要敢于提出质疑，要懂得触类旁通，学以致用，活学活用。反之如若一味抱残守缺，拘泥于固有知识、经验，就不会有什么创新。

有这样一个笑话：某家有三子，整日游手好闲，毫无所长，父母大为苦恼。某日，二老商量，要将三子送出去学门手艺，以免自己归天之后，他们被活活饿死。老两口对三子道及此事，三人听后踌躇满志，二话不说便带着盘缠上路了。

走到一个三岔口，三子停下休息。这时老大提议，三人各选一条路走，一年后无论学成与否，都要到此会合。两个弟弟表示同意，于是老大走中，老二走左，老三走右，分头而去。

老大来到一座山中，恰巧碰见一个猎人在打猎。只听见一声枪响，一只松鸡便应声而落。老大见后羡慕异常，走上前去低头便拜。猎人执拗不过，只得收他为徒。

老二来到一座村庄。由于天热口干，便向一户农家讨水喝。恰巧家内有一个补锅匠正在为主人家修补漏锅，老二见后觉得这是一门可以谋生的手艺，便拜在了补锅匠门下。

老三同样来到一座村庄。适逢某家正在举丧，亲戚们都围棺而哭。老三不解，问道：“人死了，你们为何要哭？”主人答道：“这是对逝者的不舍与怀念！”老三仍一头雾水，便要求对方教他。主人闻言大为恼怒，老三见状说道：“如果你肯教我，我给你银两。”看在钱财的面子上，主人便答应了他的请求。于是，丧礼过后，不管是东家死人，还是南家办丧，师傅都会带着老三去哭灵。

时光如梭，转眼过了一年。三子各有所成，老大已经学会了猎人的绝招“见飞打”；老二也已掌握了补锅匠的看家本领“见洞补”；老三则通晓了“见死哭”。想起临别时的约定，三子拜别师傅，匆匆赶往会合地点。老大在三岔口左等不见老二，右等不见老三，只得自己先行回家。

到家后，他发现一只蚊子正趴在父亲脸上，于是抬手一枪，蚊子扬长而去，父亲应声而倒；老二回到家中，发现父亲已经辞世，脸上有一个大洞，于是二话不说，拿起工具就去补；老三赶回，见此情景，扑上去大哭起来。

笑话虽可笑，但却蕴藏着人生哲理。《礼记》有言："博学之，审问之，慎思之，明辨之，笃行之。""学"是为了掌握一技之长，以此安身立命，谋求发展。"技"是死的，但人是活的，若不能把学来的"技"活用起来，只知固守成规，见飞就打、见洞就补、见死就哭，到头来，只会成为别人眼中的笑话。

引经据典

——学用典，添文采

【说成语】

引经据典

释义 也作"引经据古"。引：引用；经：经书。据：以……为依据；典：典籍。指引用经典著作中的语句或故事作为论据。

出处 南朝·宋·范晔《后汉书·荀爽传》："爽皆引据大义，正之经典。"清·张岱《家传》："走笔数千言，皆引经据典，断案如老吏。"

对，牛弹琴

周恩来在同国民党的谈判中，把国民党一方驳得体无完肤，国民党代表恼羞成怒，破口大骂，叫嚷同共产党谈判简直是"对牛弹琴"。周恩来淡淡一笑，幽默地也用这四个字作答，不过停顿有所不同。他说："对，牛弹琴。"

【话管理】

管理要旨：知识渊博、用典丰富——毛泽东文章的特点

用典，也就是用事，是一种修辞手法。引用古籍中的故事或词句，为用典，可以丰富而含蓄地表达有关的内容和思想。刘勰在《文心雕龙》里诠释“用典”，说是“据事以类义，援古以证今”。即是用来以古比今，以古证今，借古抒怀。用典既要师其意，尚须能于故中求新，更须能令如己出，而不露痕迹，所谓“水中着盐，饮水乃知盐味”，方为佳作。

毛泽东说，革命夺权靠枪杆子和笔杆子，但他自己却从没拿过枪杆子，笔杆子倒是须臾不离手，毛笔、钢笔、铅笔，笔走龙蛇惊风雨，白纸黑字写春秋。那种风格、那种语言、那种气派，是浸到骨子里，溢于字表、穿透纸背的，只有他才会有。中国是个文章数量丰富的国度，青史不绝，佳作迭出。向来说文章有汉司马、唐韩柳、宋东坡、清康梁，群峰逶迤，比肩竞秀。毛泽东亦算一个，是历史群山中一座巍峨的高峰。毛泽东文章的一大特点是知识渊博、用典丰富。在毛泽东的书中，几乎随处可见他恰到好处的用典。这有三种情况。

一是从典籍中找根据，证目前之理。例如，在《为人民服务》中引司马迁的话，中国古时候有个文学家叫做司马迁，他说过：“人固有一死，或重于泰山，或轻于鸿毛。”为人民利益而死，就比泰山还重；替法西斯卖力，替剥削人民和压迫人民的人去死，就比鸿毛还轻。这是毛泽东在一个战士追悼会上讲的话，作为领袖，除表示哀悼之外，还要阐明当时为民族大业牺牲的意义。他一下子拉回两千年前，解释我们这个民族怎样看待生死。你看，司马公有言，自古如此，一下子增加了文章的厚重感。司马迁的这句话也因他的引用有了新的含义，更广为流传。

二是到经典中找方法，以之来作比喻阐述一种道理。搬出中国人熟悉的故事，以典证理是毛泽东常用的方法。这个典不一定客观存在，但它的故事家喻户晓，蕴含的道理颠扑不破。例如，党的七大闭幕词这样重要的文章，不但简短得只有千余字，而且讲了一个《愚公移山》的寓言故事，

真是一典扛千斤。毛泽东将《水浒传》《西游记》《三国演义》这些文学故事当哲学、军事教材来用，使文章深入浅出，生动活泼。在《中国革命战争的战略问题》中，他这样来阐述战争中的战略战术：谁人不知，两个拳师放对，聪明的拳师往往退让一步，而蠢人则气势汹汹，劈头就使出全副本领，结果却往往被退让者打倒。《水浒传》上的洪教头，在柴进家中要打林冲，连唤几个“来”“来”“来”，结果是退让的林冲看出洪教头的破绽，一脚踢翻了洪教头。孙悟空在毛主席笔下，一会儿比作智慧化身，钻入铁扇公主的肚子里；一会儿比作敌人，跑不出人民这个如来佛的手心。1938 年 4 月在抗大的一次讲话中，他还从唐僧的坚定、八戒的吃苦、孙悟空的灵活中概括出八路军、新四军的“三大作风”。这样重要的命题，这样大的方针，他都能从典故中顺手拈来，从容化出。因此，他的报告总是听者云集，欢声笑语，毫无枯涩感。他是真正把古典融进了现实，把实践融进了理论。

三是为了增加文章的渲染效果，随手拿来一典，妙趣横生。在《别了，司徒雷登》中，毛泽东这样来写美国对华政策的破产：“总之是没有人去理他，使得他‘茕茕孑立，形影相吊’，没有什么事做了，只好挟起皮包走路。”这里用了中国古典散文名篇《陈情表》里的句子。司徒雷登那个孤立、无奈、可怜的样子，永远定格在中国人的记忆中。

毛泽东的用典是出于行文之必需，绝不卖弄，不故作高深地掉书袋。这里引出一个问题：领袖应当首先是一个读书人，一个读了很多书的人，一个熟悉自己民族典籍的人。他应该是一个博学的杂家，只是一方面的专家不行；只读自然科学不行，要读社会科学，读历史，读哲学。因为领导一个集团、一场斗争、一个时代，靠的是战略思维、历史案例、斗争魄力和人格魅力。这些只有到历史典籍中去找，在数理化中和单一学科中是找不到的。

管理案例：向习近平学习用典

善于用典是习近平文风的一大鲜明特点。系统阅读习近平系列重要讲话，深刻体会习近平用典的精妙意境，领导干部可以从中汲取精神力量。

学习用典，增强文化自信。今人用典，既包含着对历史文化的尊重，也体现着对历史文化的自信。在习近平系列重要讲话中，驾轻就熟地用典体现的是他对中华文化的热爱和高度自信。尤其在外交活动中，习近平同志的用典展现了中华文化的独特魅力。在印度尼西亚国会演讲，他引用“计利当计天下利”；在德国科尔伯基金会演讲，他引用“己所不欲，勿施于人”；在比利时《晚报》发表署名文章，他引用“智者求同，愚者求异”；在联合国教科文组织总部演讲，他引用“一花独放不是春，百花齐放春满园”。这些用典展现的是中国气派，体现的是中华精神，彰显的是中华文化自信。

学习用典，汲取政治智慧。习近平系列重要讲话深刻回答了新的历史条件下党和国家事业发展的重大理论和现实问题，凸显新一届中央领导集体的治国理念和执政方略。他善于运用中华经典阐释治国理政思想，展示了大国领导人的政治智慧。例如，学习他引用的“政者，正也”“治国犹如栽树，本根不摇则枝叶茂荣”“以实则治，以文则不治”，领导干部可以加深对政治及执政的理解；学习他引用的“但愿苍生俱饱暖，不辞辛苦出山林”“治政之要在于安民，安民之道在于察其疾苦”，领导干部可以牢固树立群众观点；学习他引用的“立善法于天下，则天下治；立善法于一国，则一国治”“法立，有犯而必施；令出，唯行而不返”，领导干部可以深刻认识全面依法治国的重大意义；学习他引用的“不谋全局者，不足谋一域”“多言数穷，不如守中”，领导干部可以增强辩证思维能力。

学习用典，涵养浩然正气。习近平的一些用典深刻体现着中国共产党人所倡导的价值理念、精神追求。例如，他用“雄关漫道真如铁”“人间正道是沧桑”“长风破浪会有时”这三句诗描摹中华民族矢志不渝地追逐中国梦的壮阔历程，强调“功崇惟志，业广惟勤”。他用“德莫高于爱民，行莫贱于害民”“以百姓之心为心”“利民之事，丝发必兴；厉民之事，毫末必去”强调共产党人全心全意为人民服务的高尚情怀。他用“奢靡之始，危亡之渐”“当官之法，惟有三事，曰清、曰慎、曰勤”，强调领导干部要正确使用手中权力，守得住清贫、耐得住寂寞、稳得住心神、经得住考验。

不求甚解

——见月休观指

【说成语】

不求甚解

释义 甚：很，极。只求知道个大概，不求彻底了解。常形容学习或研究不认真、不深入。

出处 晋·陶潜《五柳先生传》："闲静少言，不慕荣利。好读书，不求甚解；每有会意，便欣然忘食。"

高凤流麦

据《后汉书·逸民传·高凤》记载："高凤，字文通，南阳人也。少为书生，家以农亩为业，而专精诵读，昼夜不息。妻常之田，曝麦于庭，令凤护鸡。时天暴雨，而凤持竿诵经，不觉潦水流麦。妻还怪问，凤方悟之。其后遂为名儒，乃授业于西唐山中。"

后人于是以"流麦""麦流""弃麦""麦不收""中庭麦""高凤"等来形容读书专心，用"流麦士"称书呆子，常作为专心读书、不及暇顾的典型。

【话管理】

管理要旨：见月休观指——不要死读书

佛法中，极为有名的"指月之喻"，讲的是要我们"以指见月"。传说，一天，徒弟们来到老禅师的跟前问："师傅，月亮怎么样？"老禅师没有回答，只是伸出来一根手指举到了头顶斜上方。这根手指头不是月亮，月亮怎样，还是要靠每个人自己去观察、去体会、去感受。手指头只是起到"指引"的作用。

明·瞿汝稷曾集录大量禅宗的公案、语录，汇编成《指月录》三十二卷。书名中的"指月"屡见于经论，即以手指指向明月。《圆觉经》说："修多罗（了义经）教，如标月指。""指"喻经教中的一切语言文字，"月"喻佛法的真实义谛。简言之，"指"与"月"喻言与义、相与性的关系。《大慧语录》卷二十谓："古人云，见月休观指，归家罢问程……归到家了，自然不问程途；见真月了，自然不看指头矣。""指月"的目的，要人观月，而不是观指。同样，经教中的千语万言，要人悟道见性，而不是执着名相，纠缠字句。

只在语言文字上兜圈子而不能见性，便误解了"指月"的含义。《楞伽经》卷四说："如愚见指月，观指不观月；计著名字者，不见我真实。"《大智度论》卷四三说："如人以指指月，愚者但看指不看月。智者轻笑言：汝何不得示者意？指为知月因缘，而更看指不看月！""指为知月因缘"，是说语言文字指归义理，而语言文字本身只是善巧的符号，并不等于义理。正如《楞严经》卷二所说："如人以手指月示人，彼人因指当应看月。若复观指以为月体，此人岂唯亡失月轮，亦亡其指。何以故？以所标指为明月故。"既然"指"——语言文字只是"善巧方便"，那么，"当须见月亡指，不可依语生解"（《大慧语录》卷十九）。反之，为了见"月"，也要借助"指"的方便。宋·慧日《进〈大慧语录〉奏札》强调了"指"——经教的重要性。他说："窃以佛祖之道，虽非文字语言所及，而发扬流布，必有所假而后明。譬如以手指月，手之与月初不相干，然知手之所指，则知月之所在。是以一大藏经教为世标准，于今赖之。"综合"指月"两方面的关系，才能完整地理解佛教关于"不即文字，不离文字"的旨趣。禅宗还将"指"的意义从语言文字扩大到某些动作，如棒喝、扬眉瞬目、竖拂子之类，所谓"曹州竖拂子，还如指月"（《五灯会元》）。

总之，手指的目的是在指出月亮，手指并非月亮自身。文字就好像手指，而真正的智慧则是月亮。如果只是执着在佛经里的文字，那就是错把手指以为是月亮了；但是如果没有用手指去指的话，或许就连看到月亮的机会也没有了。手指指向月亮，不是要人们看手指，而是看手指指向的月亮。不要把手段当目的，否则就会本末倒置。

什么叫死读书?《曾国藩读书录·序》中写道："读书非易事也。得其法，则开卷有益；不得其法，则读万卷书，亦不过一书呆子而已，何足贵哉？读书界之通弊有二：一曰专读死书，弊在执而不化；二曰不求甚解，弊在似是而非。今欲于昔贤读书界中，求一用科学方法，昭示晋人之门径者，除王念孙之《读书杂志》，顾炎武之《日知录》外，曾文公之《求阙斋读书录》，差足以拟之。"这个提示至今仍有现实指导意义。

死读书体现在工作和行为上，容易产生教条主义。教条主义亦称"本本主义"，其主要特点是理论与实践相分离，主观与客观相脱离，轻视实践，轻视感性认识，夸大理性认识的作用。在中国共产党的发展历史上，教条主义不懂得马克思主义普遍原理必须同中国的具体实践相结合，曾给革命和建设带来了严重危害。

管理案例：俄罗斯人的不解书缘

提起俄罗斯长期傲居"世界爱读国度"榜首，不禁让人想起七十多年前发生在苏联的真实故事。

1941 年至 1943 年，苏联第二大城市列宁格勒被德军围困长达 872 天，平均每天饿死冻死 700 多人。令人惊诧和敬佩的是，在这一朝不保夕的危难时刻，列宁格勒市图书馆竟每天照常开放，大量食不果腹、骨瘦如柴的市民依然坚持汲取着精神食粮；而一位建筑师在查阅资料时两眼昏花，几乎饿死在椅子上，为的是设计一座迎接苏军胜利的凯旋门……高雅的阅读爱好，高洁的爱国情怀，高远的理想追求，成为列宁格勒人威武不屈、誓死卫国的精神支柱，也书写了人类阅读史上悲壮惨烈的一页。

和平年代，俄罗斯人又有另一派读书景象。举凡人们出入的公众场所，无一不见孜孜不倦的读书身影：广场、公园、商场、饭店、银行、地铁、车站、机场、码头等无一例外。在这里，公园成为露天图书馆，地铁即是移动阅览室，众人阅读的“合影”构成了俄罗斯“这边独好”的风景。而遍布全国的各类图书馆，形形色色的书店，随处可见的书摊与报刊亭，辅之以名目繁多的图书展、图书节、读书赛等全民活动，也有力地助推着阅读的无处不在。

还有一种颇为有趣的说法：俄罗斯盛产美女得益于其民爱读书。“美女教育”自幼儿时就已开始：舞蹈、绘画、音乐等都是必修，但最为持久普遍的“气质瑜伽”还是读书。20 世纪 90 年代经济危机时，俄罗斯女性忍饿盛装去看芭蕾舞，听音乐会，书本这一简约的“装饰”更是须臾不离。可以想见，女士们历经如此短则十几年、长则数十年的饱读修炼，各种“先天毛病”如稚气、娇气、俗气、暮气等得以医治，而秀气、灵气、才气、朝气等优雅灵动气质则逐步褪茧化蝶、琢玉成华。从这个意义上讲，俄罗斯女性实现了“做花瓶，但要做景泰蓝花瓶，外有彩釉，内有金胎”。晨曦凭栏，斜阳倚树，书香气息扑面而来的画面，当是人间穿越时空的最靓美景，也是女性青春永葆的最佳宝典。

俄罗斯人均每天读书读报时间多年全球领先，读书因子久已融入血液，无论忙时、闲时，他们总喜以书为伴，根本无须大力提倡和刻意宣传，自我驱动，依惯性而动。在知识的海洋中，众人“积跬步”的阅读小气象，自然换得整个国家“成千里”之大气象。

聪明反被聪明误

——知可及、愚不可及

【说成语】

聪明反被聪明误

释义 聪明：聪敏，有智慧；误：耽误，妨害。比喻自以为聪明，反而被聪明耽误或妨害了。

出处 宋·苏轼《洗儿》："人皆养子望聪明，我被聪明误一生。"清·醉月山人《狐狸缘全传》第五回："今若仍为所迷，岂不是聪明反被聪明误了吗？"

弄巧成拙

一头毛驴驮着一麻袋盐，在过河时不小心打了一下滑，浸进水里的盐很快溶解了，于是小毛驴轻松了许多。第二天，聪明的毛驴在过河时，有意滑倒在水里，结果却再也站不起来了，因为这次驮的是棉花。

这个小故事让我们联想到周围的一些现象：有的人喜欢走"上层路线"，琢磨人远比琢磨事上心；有的崇尚"近水楼台先得月"，为了个人进步"曲径通幽"；有的做表面文章，搞政绩工程，任务面前拈轻怕重，困难面前患得患失；有的在产品制造和公共服务中投机取巧。

偷来的巧是致命的拙。古人云："作德，心逸日休；作伪，心劳日拙。"讨巧者也许能获得一时之利，但长远来看必然"心劳日拙"。因为不干事，自然虚谈废务、能力不足；因为拼关系，不免心浮气躁、气节尽失；因为抄近道，自然缺乏历练，威信难树。哲学家培根曾经发出这样的忠告："人生如同道路，最近的捷径往往是最坏的。"这也是讨巧者不可能赢在最后、笑到终点的根本原因。

曾国藩一生"尚拙"，坚信"天下之至拙，能胜天下之至巧"，在从政、治军、为学、修身等方面都可圈可点。毛泽东在书信中亦写道："愚于近人，独服曾文正。"

【话管理】

管理要旨：愚蠢学研究

鲍尔吉·原野曾在《中华读书报》撰文介绍"愚蠢学研究"：在美国，心理学研究开了许多新杈，其中一个小杈是愚蠢学研究。他想象这个学术机构挂着一个闪光的铜牌：愚蠢学研究中心，而他们的名片上印着：愚蠢学博士、愚蠢学协会理事与学科带头人。

鲍尔吉·原野觉得早就应该开展愚蠢学研究，国内大学也应该开设这样的课程。如果说哲学——又一度被称为聪明学——是研究人类怎样避免愚蠢的话，愚蠢学则在研究人类是怎样实施愚蠢的，包括愚蠢的种类、方式与心路历程。

人类的历史也可以说成是愚蠢史，委婉一些说，是智慧消解愚蠢的历史。有一些愚蠢不能算是本真的愚蠢，跟时代相关，跟蒙昧有关。这往往是发生在过去的事情。例如，古代日本曾举办过放屁比赛，也可说放屁秀，谁的屁最长最响，将获得一份奖品。16 世纪的土耳其，任何喝咖啡的人被发现后将会被处死。富兰克林在《穷查理》年鉴上发表避雷针的论文后，欧洲的妇女时兴在帽子上装一个避雷针，拖着地线。4 世纪北非的多纳特教派热衷于殉教，他们拦住陌生人，请他们杀死自己。如果陌生人拒绝，他们将杀死陌生人。1867 年，俄国把阿拉斯加卖给了美国，获利 720 万美元，每英亩合 2 美分。1911 年，美国人利奇乘坐一只木桶，从尼亚加拉大瀑布上滑落下来，几乎摔碎了身上所有的骨头，但活了下来。次年，他去新西兰演讲，脚踩在香蕉皮上，摔伤致死。卡内基是美国钢铁大王，是当时最富有的人之一。晚年，他憎恨钱，一见到和听到钱就生气。一次，他在伦敦因为没带钱而无法购买车票，被从一辆电车上轰了下去。18世纪的英国赌场雇有专人，他的职责是一有警察搜查就把骰子吞进肚里。

这些事也许不算太蠢，只是有些离奇。死在香蕉皮上的利奇更不能说蠢，他只是运气不好。研究愚蠢学的科学家们并不研究历史上的蠢事。这些蠢事随着历史的演进自然地消失了。愚蠢学的研究方向，是判断随着科学的昌明，人为什么依然不能避免做蠢事的规律。事实上，做蠢事是人类的专利，动物几乎不做任何蠢事，它们还没有聪明到做蠢事的阶段，它们很少从事直接损害自己利益的事情。

像散文有大文化散文一样，愚蠢也有大小之别。大愚蠢是时代的愚蠢，是千百万人同心协力地做一件蠢事，如大炼钢铁，如水稻密植到可以躺上去睡觉，如修长城，如喝红茶菌，搞鸡血、凉水、甩手疗法。我们在公园的灌木丛中看一帮人练沈昌功，录音机传出沈昌尖锐的如钉子划破玻璃的喊声：大肠！公园的练者附和：通！然后是小肠、结肠，练者喊“通”，包括前列腺、脑垂体。难道脑垂体还要通吗？这个“疗法”按身体解剖学的教程把各器官喊了一遍，练习者跺脚、垂手，齐齐喊：通（中医曰散坚化结）！于是就通了。虽然人体除了血管、气管、尿道与大便之外并不一定要通，但他们一律通之。此时有小孩路过，高喊：虫牙！练者也跟着喊：通！牙通了之后会是什么样子呢？不清楚。

时代的愚蠢是大愚蠢，往往以悲剧收场，它的成本是阻碍发展。小愚蠢则是个体的愚蠢。每个人都做过一些蠢事，做过一些让人脸红的、不堪回忆的、自己希望永远忘记而别人说起来津津乐道的事情，如一场喜剧。人做蠢事的时候有什么特征吗？有。至少有三条。一曰坚决。人做蠢事比做一件正确的事要坚决得多。这时最听不进别人的意见，最自信。从表面上看，人做蠢事时的情态是庄重的，如有神示。正因为如此，当事情的结局显示之后，人们被这种反差逗得哈哈大笑。二曰心机。蠢事往往为聪明人专属。一个人聪明到离谱的程度，就不愿按老办法办事，要取别人得不到的利益。他们真的认为巧则夺天工，有志者事必成。他们笃信“不怕办不到，就怕想不到”，一遇机会，就办蠢事。所谓离谱的“谱”是什么呢？是客观事实，是科学。有许多人，包括知识分子，在内心深处并不真正地相信科学。他们脑子里的科学比例，与其他乱七八糟的东西，如吃啥补啥、窗台摆一镜子可以挡煞气相比，顶多占五成。他们也相信地球是圆的，月光是对日光的反射，但遇到什么法轮功之类还是要信，对60年前的“花旗银行债券”也信。如果说占便宜是干蠢事的动机的话，迷信则是干蠢事的理论基础。愚蠢到来之际的第三项表现，曰狂妄。一个人干蠢事的时候无论坚决、庄重或是聪明过人，都离不开狂妄，或者说是综合了坚决、庄重与聪明的狂妄。过于狂妄的人是老子天下第一的人。但“第一”是什么？福事第一常常与祸事第一相联，而干蠢事的人都非常忙，没功夫厘清这些区别，于是一条道走到黑了。

一个人在日记里，一个地区在方志里记录一下做过的蠢事很有好处。蠢事告诉我们，我们对自己的估价与实际能力相比，往往差得很多，否则为什么会办那么多蠢事？前事不忘，后事之师，宜改为“蠢事不忘，后事之师”。然而蠢事是最容易被忘记的，这是人类独特的心理机制之一，这也是愚蠢学科研人员研究的课题之一。孔子其实是愚蠢学最早的专家，他说过的一句话就奠定了大师的地位：“知可及，愚不可及。”人的聪明才智是有止境的，但办起蠢事来永无止境。愚蠢到底有多少种方式呢？这像“不幸的家庭各有各的不幸”一样，简直数也数不过来。

管理案例：“自取其辱”的白人乘客与智慧的机长

在约翰内斯堡飞往伦敦的班机上，一名白人妇女坐在一名黑人旅客旁边。她把空姐叫过来。

空姐：“请问女士，有什么需要我帮忙？”

白人妇女：“您没有看到吗？我被安排在一个黑人旁边，我不能坐在这些‘肮脏的人’身边，请给我换个座位！”

空姐：“请稍等。我去看看是否还有空位。”

几分钟后，空姐回来了。

她说："女士，经济舱和商务舱都没有空位了，但头等舱还有一个位子。"

空姐继续说道："让一位经济舱客人提升到头等舱，确实有违常规。但是，机长认为强迫一位旅客坐在一个令人厌恶的人旁边，非常不合情理。"

说着，空姐转向那位黑人旅客："如果不介意的话，请允许我帮您拿行李，头等舱的座位已经为您准备好了。"

此时，周围的乘客不约而同地站起来，为机长的明智之举鼓掌。

见贤思齐

——自觉向榜样学习

【说成语】

见贤思齐

释义 贤：德才兼备的人；齐：看齐。见到德才兼备的人就要向他看齐。

出处 《论语·里仁》："子曰：'见贤思齐焉，见不贤而内自省也。'"意思是看到贤人就向他学习，希望能和他一样。看到不贤的人，要从内心反省自己有没有跟他相似的毛病。

充实自己的人生

某日，一位管理学教授为一群大学生讲课。上课接近尾声时，教授拿出一个两公升的广口瓶放在桌上："我们最后来做个小试验。"随后他取出一堆拳头大小的石块，把它们一块块地放进瓶子里，直到石块高出瓶口再也放不下了，他问："瓶子满了吗?"所有的学生都回答："满了。"他反问："真的吗?"说着他从桌下取出一桶砾石，倒了一些进去，并敲击玻璃壁使砾石填满石块间的间隙。"现在瓶子满了吗?"这一次学生有些明白了。"可能还没有满。"一位学生说道。"很好!"他伸手从桌下又拿出一桶沙子，把它慢慢倒进玻璃瓶。沙子填满了石块间更多的间隙。他又一次问学生："瓶子满了吗?""没满!"学生们大声说。最后教授拿了一壶水倒进玻璃瓶，直到水面与瓶口齐平。

这个小试验告诉我们，人生就好比这个瓶子，必须先把你生命中的大石块放进去，然后再放砾石、沙子、水，这个次序不能颠倒。否则，大石块就永远放不进去了。信仰、学识、技能、事业都是生命中的大石块，要趁着年轻力壮，把这些东西学好用好，稳稳妥妥地放进自己的瓶子里，然后再从从容容地去休闲去游玩去消遣。否则，年纪轻轻就先忙着吃喝玩乐，不干正事，不务正业，那就等于瓶子先装了一堆无关紧要的砾石、沙子，等醒悟过来，再想装大石块时，已为时过晚，只能空叹"少壮不努力，老大徒伤悲"。

【话管理】

管理要旨：雷锋当初学的谁

陈思炳撰文介绍，在一次单位组织召开的"向雷锋同志学习"座谈会上，一位年轻同志提出这样一个问题："雷锋当初学的谁?"这引发了大家的思考。带着这个问题，他翻阅学习了《雷锋日记诗文选》《雷锋的故事》等书籍，最后找到了答案：雷锋学的是领导。

雷锋的成长离不开领袖的教诲、组织的帮助和先进典型的影响，但对他的人生观影响最大、最直接的还是他身边的领导。

雷锋初到湖南望城县委当公务员时，有一次，他跟县委书记张光玉一起去开会，走着走着，看见路上有颗螺丝钉，他踢了一脚就走开了。张书记却走过去捡起来，装进了口袋。雷锋觉得奇怪：一个县委书记，捡个螺丝钉干什么？过了几天，雷锋要到一个工厂去送信，张书记拿出螺丝钉叫他带去，说："小雷，咱们国家底子薄，要搞建设，就得艰苦奋斗，一颗螺丝钉，别看东西小，缺了它也不行。滴水积成河，粒米堆成箩呀！"这颗小小的螺丝钉，在雷锋心中留下了难忘的记忆……

参军后，雷锋在运输连当汽车兵，他没忘记张书记的榜样，找了几块旧木板，钉了一个"节约箱"，把平时捡到的碎铜烂铁边角料、螺丝钉等，都装在里面，修车、修工具时能用上的就用上，被团党委评为"艰苦奋斗节约标兵"。

当公务员时，雷锋还经常跟张书记一块下乡，当他看到张书记下乡常常是鞋一脱就下田，一边扶犁，一边和老乡搭话，分不清谁是民谁是官时，他就暗暗告诉自己要向张书记学习。有次张书记发现一位农民家里穷得揭不开锅，就掏出仅有的20元钱递给老人，让他买几头猪崽饲养，尽快过上好日子。有张书记作表率，雷锋便把自己的蚊帐送给了一位生病的老大娘，老大娘要谢他，他说，要谢就谢共产党，是党教导我这样做的。

雷锋入伍后的第一天晚上生病发烧，营长来查铺，知道他感冒了，连夜从卫生队叫来医生为他诊治，还脱下自己的棉大衣，并送来一床新被子，盖在雷锋身上，雷锋感动得泪水流湿了枕头。后来就有了雷锋帮助战友乔安山的故事。雷锋主动向灾区捐款，团政委韩万金得知后，热情宣传他为国为民分忧，而韩政委自己把工资捐给灾区，却不向外露一个字……

有这些品德高尚的领导言传身教，雷锋思想不断得到升华，最终成为共产主义战士、全国人民学习的榜样。

近些年，很多廉政建设的文件上都要求"领导干部要管好身边的人"。其实，"管"是一个方面，关键还是以身作则"带"，身教重于言教。俗话说："近朱者赤，近墨者黑。"试想，假如雷锋当初跟随的领导是个不能严格要求自己的人，作风不正，以权谋私，贪图享受，生活腐化，耳濡目染之下，恐怕雷锋不仅很难成为共产主义战士，思想还可能被侵蚀污染。近年来，在许多大案要案窝案中，领导腐败，身边工作人员也跟着犯罪的事例还少吗？

说雷锋学的是领导，因为身边领导是最方便对照的镜子，是最直接有效的老师。我们党历史上正因为有一批又一批德高望重的优秀领导干部，才带出了一批批出类拔萃的优秀接班人，保证了我们党的事业长盛不衰。

正人先正己，“子帅以正，孰敢不正？”领导干部只有率先垂范，像雷锋当年的领导张书记、韩政委那样，时时处处以自己的高尚品行示范引路，以实际行动教育干部群众学雷锋，那就会有千万个“雷锋”成长起来。

管理案例：习近平总书记论“见贤思齐”

我们要看焦裕禄是怎么做的，对照自己，见贤思齐。我们要深入思考一个问题：焦裕禄在兰考工作时间并不长，但给我们留下这么多精神财富，我们应该给后人留下什么样的精神财富？

——2014 年 3 月 17 日，习近平到河南兰考县考察时的讲话

我们党历来高度重视选贤任能，始终把选人用人作为关系党和人民事业的关键性、根本性问题来抓。治国之要，首在用人。也就是昔人说的：“尚贤者，政之本也。”“为政之要，莫先于用人。”

——2013 年 6 月 28 日至 29 日，习近平在全国组织工作会议上的讲话

道德模范是社会道德建设的重要旗旗，要深入开展学习宣传道德模范活动，弘扬真善美，传播正能量，激励人民群众崇德向善、见贤思齐，勉

励全社会积善成德、明德惟馨，为实现中华民族伟大复兴的中国梦凝聚起强大的精神力量和有力的道德支撑。

——2013年9月26日，习近平会见第四届全国道德模范及提名奖获得者时的讲话

各行各业都有很多值得我们学习的模范，包括航天英雄、奥运冠军、大科学家、劳动模范、青年志愿者，还有那些助人为乐、临危不惧、诚实守信、敬业奉献、孝老爱亲的好人，等等。模范的力量是无限的。大家要把他们立为心中的标杆，向他们看齐，像他们那样追求美好的思想品德。这就是孔子讲的："见贤思齐焉，见不贤而内自省也。"

——2014年5月30日，习近平在北京市海淀区民族小学主持召开座谈会时的讲话

用一贤人则群贤毕至，见贤思齐就蔚然成风。选什么人就是风向标，就有什么样的干部作风，以致就有什么样的党风。各级党委及组织部门要坚持党管干部原则，坚持正确用人导向，坚持德才兼备、以德为先，起劲做到选贤任能、用当其时，知人善任、人尽其才，把好干部及时发现出来、合理使用起来。

——2013年6月28日至29日，习近平在全国组织工作会议上的讲话

世事洞明

——善于在生活中观察学习

【说成语】

世事洞明

释义 世事：社会情况，也指人际关系；洞：洞悉，了解；明：明白。对于人世间的各种事情看得清楚明白。指通晓为人处世的情理，富有

社会经验。

出处 清·曹雪芹《红楼梦》第五回："又有一副对联，写的是'世事洞明皆学问，人情练达即文章。'"

李叔同：近人情，体物情

李叔同（1880～1942），又名李息霜、李岸、李良，谱名文涛，幼名成蹊，学名广侯，字息霜，别号漱筒。李叔同是著名音乐家、美术教育家、书法家、戏剧活动家，是中国话剧的开拓者之一。他从日本留学归国后，担任过教师、编辑之职，后剃度为僧，法名演音，号弘一，晚号晚晴老人，后被人尊称为弘一法师。

曾"二十文章惊海内"的李叔同大师说过一句话："不近人情，举足尽是危机；不体物情，一生俱成梦境。"大意是，性情乖张不通人情世故，则举步维艰；自行其是不顾客观规律，则一事无成。李叔同一生据于儒，依于道，逃于禅，中年出家号弘一法师。这句话是他综其一生为人处世的总结，十分精炼。

从一件事可以看出李叔同的"近人情""体物情"。1927 年北伐成功，政府要毁寺逐僧。当时的寺庙大师们慌张无措，而佛教徒更是忧心忡忡。就在火烧眉毛之际，李叔同动用自己强大的人际关系，写了一封很有分量的信——《致浙江省当局蔡元培先生等》。正因为李叔同平素"近人情"、善交游，所以才有这样的人脉、交情。

李叔同并未盲目反对毁寺逐僧，而是认真地"体物情"——琢磨政府毁寺逐僧的本因。经过考察，他知道政府此举是为了削弱宗教思想和势力，更新民众意识以便去除统治阻力。所以，李叔同从这一点出发指出佛教不会误国反会助国。在信中他提议"对于服务社会之一派，要尽力提倡"，又推荐太虚禅师进行"农禅并重"的佛教改革。果然，政府取消了毁寺逐僧的计划。李叔同始则"近人情"，而后又"体物情"，顺利地挽救了一省的宗教事业。

《红楼梦》中有一副有名的对联与这句话异曲同工——世事洞明皆学

问，人情练达即文章。世事洞明便是“体物情”，人情练达便是“近人情”。性格乖僻的贾宝玉终日依红倚翠，不知外出交游人情往来，可谓“不近人情”；深居侯门不问世事只知读死书，可谓“不体物情”。贾宝玉一生步步逢魔，终至落魄出家，果然举足尽是危机，一生俱成梦境。

【话管理】

管理要旨：世事洞明皆学问，人情练达即文章

“世事洞明皆学问，人情练达即文章”这一对联是儒家的传统观念，表达的是儒家思想中入世的一面，也是封建道德标准之一。而《红楼梦》所表达的是反封建的思想，也就是反封建正统的思想，因而脂砚斋会把它评为“此联极俗”。

这句对联是曹雪芹对王熙凤的评价。她管理贾府上上下下的家政事务，里里外外的应酬，如果没有精明的头脑、圆滑的手段、泼辣凌厉的个性、开阔的眼界和丰富的知识，以及对事情把握的尺度分寸的能力，是管理不了那一大家子事务的。“世事洞明”体现着一种成熟、聪慧，“人情练达”演绎着老成、干练。在这个“关系”社会里，得道升天，失道寡助也。

把《红楼梦》作为政治学和管理学的经典范本，是一种颇为有趣的解读方式。著名作家王蒙在一场人文素养讲座中，从政治、文化和内部管理等多个角度分析了“盛极一时”的贾府覆亡的必然。而他对书中几个人物的趣味解析，也深蕴“世事洞明”与“人情练达”的学问。他认为：“贾府上下，没有一个男人会管事，王熙凤和探春是仅有的管理人才。”王蒙认为，封建意识形态对男人的约束远远小于对女子的，这使得贾府的男人们更堕落得不成器，“贾赦只想着娶小妾，他的儿子侄子们满脑子琢磨如何打丫鬟们的主意，整个家族的男人自上而下都懒惰、骄奢淫逸，都是兴趣低、智商低、情商低、趣味低、境界低的寄生虫。”相比之下，王蒙盛赞凤姐和探春。“探春那么早就在大观园实行了‘包产到户’。凤姐虽然

是个文盲，管理上却很有一套。秦可卿办丧事时她被借管宁国府，第一天就摸出他们在管理上的五大问题，还懂得‘治乱世、用重刑’的道理和手段。当时中国还没有家政管理学院，王熙凤就无师自通了。文盲还能自己总结出这么多管理方法，她如果在今天的条件下，不发达那才叫怪呢！”

“世事洞明皆学问，人情练达即文章”这副为许多清高的读书人所不齿的对联，在王蒙看来，远不是什么负面的价值观。“一个有着个人理念、有着自己核心价值观的人，是世事洞明好呢，还是不谙世事好？是人情练达好呢，还是不通人情好？所以我觉得这虽然不见得是正面的价值，但也绝对不是什么负面的意思。”

当然，正如明人陈继儒在《小窗幽记》中所说：“田园有真乐，不潇洒终为忙人。诵读有真趣，不玩味终为鄙夫。山水有真赏，不领会终为漫游。吟咏有真得，不解脱终为套语。”世事洞明皆学问、世间处处有美景，怕就怕没有一双欣赏美丽的眼睛和一颗领悟真理的头脑，在不知其美妙处白白浪费了很多乐趣。

管理案例：读书——世界上门槛最低的高贵举动

书籍是人类智慧和想象力的载体，让我们看看，在这个世界上，人们都是怎样热爱读书的。

——俄罗斯：家庭藏书总量超过图书馆藏书量10倍

读书是俄罗斯民族的悠久传统和民族习惯。在他们看来，书籍与面包同等重要。在各类图书中，俄罗斯读者最爱读的是文学作品。俄罗斯城乡密布着图书馆网，莫斯科国立列宁图书馆是世界五大图书馆之一。俄罗斯人把家庭藏书多少看成是一个人文化素养高低的重要标志，其居民家庭藏书总量超过公共图书馆藏书量的10倍，平均每人每天用于阅读报刊和其他出版物的时间近1个小时，居世界之首。

——法国：图书馆遍布各地，拥有家庭“图书馆”是一种时尚

法国人爱读书在欧洲比较有名。巴黎的大街小巷随处可见书摊、书店，塞纳河边还有一条专门卖旧书的长廊，成为巴黎一处特有的人文景

观。如果你到法国人家里做客，可以看到几乎家家都有藏书，拥有家庭“图书馆”是巴黎人一种经久不衰的时尚。

法国著名民意调查机构IFOP发布的一项统计指出，55%以上接受调查的法国人说他们过去一年阅读了1到12本书，24%的人阅读了12本书以上，其中许多人达到了20本。法国人人均读的书多于人均买的书，之所以出现这一现象，是因为法国各地遍布大大小小的图书馆，它们向读者提供免费的借书服务。

——日本：推广青少年阅读，手机可提供20类文学作品

日本是公认嗜读书的国家，这是其重视教育的结果。现在，日本已达到国民100%受过初中教育，受过大学教育的人数占总人口的比例高达48%。随着科技的发展，日本人的读书习惯也有所改变。手机阅读普及率逐年上升，尤其是青少年读者，他们的需求已由传统的纸书转变为现代的手机读书。只要拥有一部手机，手机用户就可以阅读出版商提供的多达20类的文学作品。

——以色列：爱读书是传统，平均每人每年买10到15本书

犹太教自古就要求犹太人要读书识字。可能古代的很多国家还没认识到书籍的重要性，但是在古时候，犹太教就已经要求自己的子民要热爱读书了。现在，无论是富有的犹太家庭，抑或是贫穷的犹太家庭，都会支持孩子念书，这是犹太民族几百年来的传统。

联合国教科文组织的一项调查表明，以色列人均拥有的图书馆和出版社的数量居世界各国之首。以色列有句老话：“人不能只靠面包活着。”平均每个以色列人每年要买10到15本新书，他们的阅读量更是大大超过了这个数字。这种爱读书的习惯渐渐从上一代人身上传到了下一代。有的以色列人刚开始教孩子读书时，会在旁边放一罐蜂蜜，每读一句，就让孩子舔一口蜜，意思是让他们明白读书是一件甜美和快乐的事。

——德国：1/3的人几乎每天读书，读书像喝啤酒一样平常

德国著名作家歌德说过：读一本好书就像是同高尚的人谈话。德国人对这种“谈话”有着巨大的热情。不管是地铁、公园还是医院的候诊室，你都能看到很多手捧书本埋头阅读的人。调查显示，70%的德国人喜爱读